于内在真实之中重塑时光
——洛佩兹绘画艺术的风格与特色

贾小飞　著

北京工业大学出版社

图书在版编目（CIP）数据

于内在真实之中重塑时光：洛佩兹绘画艺术的风格
与特色 / 贾小飞著 . — 北京 ： 北京工业大学出版社，
2019.9
ISBN 978-7-5639-6921-0

Ⅰ．①于… Ⅱ．①贾… Ⅲ．①安东尼奥·洛佩兹·加
西亚—生平事迹②安东尼奥·洛佩兹·加西亚—油画—绘
画研究 Ⅳ．① K835.515.72 ② J213.055.51

中国版本图书馆 CIP 数据核字（2019）第 179360 号

于内在真实之中重塑时光：洛佩兹绘画艺术的风格与特色

著　　者：贾小飞
责任编辑：张　贤
封面设计：优盛文化
出版发行：北京工业大学出版社
　　　　　　（北京市朝阳区平乐园 100 号　邮编：100124）
　　　　　　010-67391722（传真）　　bgdcbs@sina.com
经销单位：全国各地新华书店
承印单位：定州启航印刷有限公司
开　　本：710 毫米 ×1000 毫米　1/16
印　　张：9.5
字　　数：185 千字
版　　次：2019 年 9 月第 1 版
印　　次：2019 年 9 月第 1 次印刷
标准书号：ISBN 978-7-5639-6921-0
定　　价：39.00 元

前　言

　　被人们冠以"在世的最卓越的现实主义画家"的安东尼奥·洛佩兹·加西亚，在 20 世纪 60 年代于西班牙画坛崭露头角，90 年代已经在国际上获得了极高的赞誉。他也是当代写实绘画的代表画家之一。他善于将自己的真挚情感注入作品中，并对每一个绘画主题进行独特的解读。这种卓越的特征源于他出众的艺术天赋，登峰造极的写实功力，扎实的技法和创造力。

　　洛佩兹的作品经历了一个发展的过程，即从具象表现到超现实主义，中年后风格逐渐稳定，老年又返璞归真。从洛佩兹的作品中，我们能感受到他对西班牙最伟大的自然主义艺术家思想的传承。尽管他采用的是最传统的写实主义的绘画语言，但是他的作品却极其富有现代感。他精妙的构图，和谐含蓄的色彩，对物象细致入微的研究和对光线的描绘，为平凡的事物注入了神奇的魔力和鲜活的生命力。洛佩兹的作品以描绘其个人世界为主。亲人、家庭、他所生活的城市——马德里以及他生活中的日常用品等朴实而平常的事物就是最能激发他灵感的创作对象。他能将真情实感融入画布中，形成一种极具个性特质的美感，同时他也是一个创作了很多雕塑作品的画家。通过多年的实践，他的绘画作品拥有了一种真实、冷漠且触不可及的神秘感。在这个嘈杂纷乱的社会中，如此孤独沉静的作品，给人以别样的视觉感受。

　　从洛佩兹的艺术成果中，我们可以发现写实主义依然是具有生命力的，传统绘画依然有着重要地位。通过分析洛佩兹的绘画艺术，我们可以触摸其写实背后的精神内涵，从而认识洛佩兹在 20 世纪现代主义艺术脉络中的独特位置及价值所在，从而对中国当代绘画寻找自身的方向与发展提供有益的启示。

目 录

第一章 洛佩兹的前世今生

第一节 启蒙与渊源

安东尼奥·洛佩兹·加西亚 (Antonio Lopez Garcia) 是西班牙著名的画家，他身兼多职也是国内外有名的雕塑家，他以具象写实主义风格而蜚声全世界。在西班牙这个艺术氛围浓重的国度中，洛佩兹的艺术注定是不平凡的。洛佩兹出生在西班牙雷阿尔城的一个普通家庭里，他的整个家庭都散发着艺术的芳香。就在他出生几个月之后，西班牙内战爆发了。这使本应该像当地其他出生的孩子一样，继承家族传统成为一位农场主的他走上绘画道路。就这样，艺术慢慢地成了他生活的重心。

洛佩兹的叔叔，安东尼奥·洛佩兹·托雷斯，也是一位很出名的大画家，也许受家庭基因的影响，洛佩兹的绘画天分在很小的时候便显现出来，细心的叔叔发现了他的这个特点，并对其进行细致的教育和培养。1949 年，13 岁的洛佩兹就一个人远离家乡，踏上追求艺术的道路，来到遥远、陌生而美丽的首都马德里。由于有艺术天赋并勤奋上进，一年之后，洛佩兹顺利地步入了现在的马德里美术学院。因为他的叔叔一直给予他很大的帮助和教育，所以他对叔叔一直充满了感激之情。洛佩兹一生都很敬佩他，作品中常以他为模特儿，表达自己对叔叔的敬爱之情。1972 年，洛佩兹以叔叔的房间为模型创作了一幅素描作品《安东尼奥·洛佩兹·托雷斯之屋》（图 1-1）。这幅作品描绘的是这位老画家在自己的屋里行走的形象，借此表达自己内心对叔叔的深深感激之情。由此可见，洛佩兹的艺术道路很大程度上是受他叔叔影响的。

图 1-1　《安东尼奥·洛佩兹·托雷斯之屋》

　　美术学院的教授们并不经常进行具体单独的指导，但洛佩兹的自学能力很强，他很喜欢有这样自主学习的空间。洛佩兹就读的学校是圣·费尔南多皇家美术学院，他在这里充分利用这些优良的资源，学习和吸收美术馆的精华。这里诞生过很多世界知名画家，例如迭戈·维拉斯凯兹、浪漫主义画派画家弗朗切斯科·戈雅等。此外，同在马德里的普拉多美术馆对洛佩兹的艺术影响也颇深。这个美术馆除藏有数量众多且品质甚高的绘画作品之外，还保存着大量优秀杰出的雕塑作品，这为洛佩兹的绘画学习提供了良好充分的资源，开拓了他的视野，使他站在了巨人的肩膀上，为他的绘画事业打下了坚实的基础。洛佩兹在绘画艺术方面有他自己特殊的方式，他通过借鉴和学习，并结合自己的特点，创作出新的艺术作品。不论在绘画语言上，还是在表达方式上，他都可以进行创新，进而推动新的艺术形式和艺术方法不断前进。15世纪意大利文艺复兴时期的画家皮耶罗·德拉·弗朗切斯卡以及17世纪西班牙的伟大画家迭戈·维拉斯凯兹和荷兰画家维米尔在各个层面都对洛佩兹的绘画产生了影响。19世纪法国绘画大师安格尔、"绘画之父"保罗·塞尚、20世纪的毕加索也都对洛佩兹的绘画产生了巨大的影响。洛佩兹从这些绘画大师中汲取了很多养分，从而极大地开阔了他的视野，为他的创作打下了坚实的基础。弗朗切斯卡展示的是光线在绘画方面所产生巨大魅力和影响；维拉斯凯兹是古典大师，他追求的是客观事物的真实感，他总能抓住事物的主要特征并忽略那些没有必要的细节；维米尔是荷兰小画派的代表人物，他主要描绘的是日常生活的种种情况，力求以平凡的事物打动每一个观者；保罗·塞尚崇尚表现自然，他的画几乎影响了20世纪很多重要的画家。前代大师的绘画语言和风格对后代人的影响很大，洛佩兹正是通过借鉴前人的辉煌成果，吸取前人的精华，结合自己的时代环境和特征，创作出了属于自己的新的艺术形式和方法，从而推动艺术史的发展。

从 12 岁起，洛佩兹便一直临摹那些素描印刷品。他叔叔一直静静地观察他，直到有一天，他叔叔要他停止临摹，直接描绘生活。但他直到多年后才开始理解它（这种观念）。不难发现，洛佩兹的写实主义风格是他早期在叔叔的影响下渐渐形成的。12 岁之后，洛佩兹开始临摹大师的素描作品。安东尼奥·洛佩兹·托雷斯就一直陪伴他左右，对他进行教育和指导。随着其绘画功底的提升，他便开始直接描绘生活，并进行写生。13 岁时，他就只身一人到马德里学习绘画，并在短短一年后就考入了马德里美术学院（圣费尔南多高等美术学院）。在马德里美术学院，洛佩兹学习了传统的绘画方法，并且利用课余时间学习雕塑。在校期间，他还充分拓展了自己的视野，提高了自己的技法能力，为自己在今后的发展还奠定了坚实的基础。经过五年扎实的学习，在 1955 年，洛佩兹以优异的成绩毕业。同年，他获得赴意大利考察的奖学金。这是由西班牙教育部颁发的奖学金，目的是为了表彰他在全国第三届造型艺术竞赛中的优异表现。来到意大利学习和研究之后，洛佩兹觉得 16 世纪以后的艺术并不是他真正追求的艺术，对此，他内心有些失望。但他对意大利文艺复兴萌芽时期的艺术作品很感兴趣，所以他转向了文艺复兴早期的艺术作品并对其进行研究，他从那里受到了很多的启发。在 2004 年，他凭借实力和绘画才能成为纽约现代艺术协会会员，这是社会对于他的才华与成就的表彰及肯定，也是他实至名归的荣誉。

洛佩兹才华横溢，精通各种材料，如布面油画、木板油画、碳铅笔素描、木雕、石雕，等等。他作品的素材基本上来源于他身边的事物，主要表现身边的人物、风景等。内战结束后，西班牙和欧洲经历了艺术的重建期，洛佩兹的青年时代是在这样的环境中度过的。

20 世纪 60 年代是欧洲新具象艺术的兴起时期，也是洛佩兹艺术风格成型的时期。他的作品风格与表达的思想与新具象的艺术形式一致，因此，他也成了战后欧洲新一代具象画家中的重要代表。

贡布里希提到，20 世纪的艺术具有很明显的特征，就绘画而言，表现在对各种各样的观念以及材料的多方面多层次运用，随之而来的便是一些不安的、激进的、革命性的艺术思潮和艺术运动的发展。二战的结束为西方现代艺术的发展打开一扇门，使其走入一个崭新的时期。众所周知，两次世界大战最大的受益者是美国，在经济基础决定上层建筑的基本理论下，美国急速增长的经济力量，使得它成了全球文化的中心。所以，纽约顺理成章地成为当时的艺术焦点，它所代表的抽象表现主义迅速风靡全球，成为当时主要的艺术风格。同时，法国巴黎的艺术地位则被取代。在 20 世纪 50 年代末，美国的抽象表现主义逐渐走向没落，这时候，新的艺术潮流——波普艺术破茧而出并逐渐强大起来。波普艺术就是把艺术家的目光由内心冲动转向可以看见的现实物质。贾斯铂·约翰斯、罗伯特·劳森伯格等是其代表艺术家。波普艺术是具象的，它是对材料、画面物质肌理的表现以及图像拼贴的组合所进行的尝试和创新。它推动了西方艺术的发展，使得西方艺术的发展进入一个新的阶段。随后又相继出现了超写实主义、极简主义、观念主义、行为主义……现代艺术对传统艺术有着极强的冲击力，因为现代艺术强调的是艺术的非理性和无意识，而传统艺术则是强调对现实事物的理性把握。

由于具有深厚的艺术文化传统，20 世纪西班牙的美术家们显示出天才的艺术秉性和创造力。他们吸取了先辈们的营养，准备了足够的精神食粮。可是西班牙内战和两次世界大战对社会和艺术家们都造成了很大的伤害，画家们经历了各种磨难和痛苦，对人生、对艺术都有了新的认识、新的觉悟。20 世纪的西班牙是动荡不安的，以绘画作为自己终身专业的人是不寻常的。而在人文思潮崛起、现代主义饱受争议和后现代主义破土而出、呈现蔓延之势的今天，坚守写实主义道路则更不寻常。1950 年左右，后现代主义开始风靡全球，引领风骚，传统写实主义在当时被艺术的创新和主流思潮的趋向逼得寸步难行，整个社会风气相当焦躁和混乱，人们思想也处于混乱之中。在这样错综复杂的艺术潮流的影响下，洛佩兹并没有随波逐流，而是依然坚持自己的传统写实主义路线。他持之以恒的态度和坚持不懈的努力值得我们学习。对一名从事油画专业的学生来说，态度很重要，因为态度决定一切。在马德里这座充满温暖的城市里，现实主义似乎可以与抽象主义和平共存，但是现实主义却被人们忽略了。相比之下，抽象画派受到的关注更多，受到的追捧也更多，这使洛佩兹在当时也已经开始关注其他艺术风格的发展。

安东尼奥·洛佩兹·加西亚，这个站在世界舞台上的画家，在具象主义绘画这一领域具有很强的影响力。宏观地分析其所处的时代背景，可以让我们更加接近画家艺术风格形成的轨迹，从而展开一个有着宏大世界观的艺术发展脉络。洛佩兹出生于西班牙，后者位于欧洲南部的伊比利亚半岛，其东部南部皆被地中海环绕，南部与非洲的摩洛哥隔着直布罗陀海峡，北部隔着比利牛斯山与法国接壤。奇特的地理位置使得西班牙与其他国家往来十分频繁，西班牙文化有着拉丁文化的基础，又融合着周边国家以及殖民地的文化。因此，西班牙的文化本身是底蕴深厚且多元的。西班牙文化拥有吐故纳新融合创新的鲜明特征，这一特征也促成了西班牙艺术的独特传统。

从 14 世纪的哥特艺术开始，以文艺复兴时期西班牙艺术家格列柯为代表，到 17 世纪的委拉斯凯兹，再到承前启后的伟大的艺术家戈雅，直到 20 世纪的一系列大师达利、毕加索、米罗等，尽管艺术的潮流瞬息万变，但西班牙的画家总能在世界上找到一席之地。这种优秀的品质，应当上溯到卓越的传统上，因为西班牙这块神奇的土壤总是能诞生艺术上的天才，并且给世界带来优秀的作品。最有代表性的当属抽象表现主义，代表艺术家有威廉·德·库宁，弗朗兹·克莱因等。这种艺术形式将以往的艺术观念和形式推向了一个极端。在随后的 20 世纪 60 年代，波普艺术红极一时，这种艺术形式将抽象表现主义推进的浪潮往具象主义回溯了一步。它对艺术的探索和贡献主要体现在对材料和画面构成机理的尝试，并首次创造了图像拼接的艺术形式，它很好地诠释了快餐式的美国文化，并且重新证明了具象绘画的价值。

处于世界潮流影响下的西班牙艺术家的思想也受到了很大冲击，因此他们的艺术表达形式也变得多样化了。1948 年左右，一群画家以及文化人，在西班牙的艺术中心——巴塞罗那组建了"骰子的第七面"并且创办了先锋杂志《骰子第七面》。其中画家的主要代表有塔皮埃斯，他与现实主义代表米罗相熟，并且受后者影响很深。这个社团一直活动到 1957 年。这一个艺术社团的艺术家都是朝着超现实主义之路迈进的，他们对西班牙艺术界有很大的影响。在学艺期间，洛佩兹同几个关系较好的画家创办了"马德里写实小组"，他们没有明确艺术主张，但是确定了具象写实主义的方向。这种观点是和"骰子的第七面"相悖的。1958 年，西班牙绘画在国际上已经占有了一席之地，在弗朗切斯卡·科尔蒂霍的倡导下，塞维利亚成立了一个版画家组织，将有着精准造型能力的油画作品的特点糅合了讽刺精神以版画为载体表现了出来，推广了社会现实主义艺术。1963 年，在后现代艺术在国际上进行得如火如荼的时候，很多画家开始思考潮流艺术的生命力以及它的去向。他们认为以往瞬息万变的各种艺术形式渐渐过时，于是部分西班牙艺术家开始回归了具象绘画之路。"新具象化"就是这一时期诞生的名词。1967 年，一批新的画家出现了，他们试图将绘画艺术答案性、综合性、条理性融为一体。这一时期出现的画家为豪尔赫·泰西多尔，他将心理因素以非现实的形象表达出来。

综上所述，我们可以看出，洛佩兹生存的时代大环境以及所处的国家的环境，都是多变和矛盾的。因此在这种环境下，洛佩兹坚定不移地坚持具象之路就显得难能可贵，这也证明了他具有一个不为环境所动，坚持自己艺术主张的大师的风度和毅力。

第二节　绘画风格转变历程

　　任何一个民族的传统艺术文化都有其复杂孕育和形成的过程，西班牙民族也不例外。历史上的西班牙曾在很长时间内被伊斯兰教统治（8–15 世纪），收复失地之后才成为西班牙王国，基督教文化才开始占据绝对主导地位，这使得西班牙吸收融合了周边国家的宗教、文化与艺术。西班牙文化艺术的发展受多方面的影响，有古罗马、阿拉伯摩尔人以及基督文化等的影响，因此，西班牙是一个具有多元化文化底蕴的国家，它有欧洲"万花筒"之称。这一特征促成了西班牙独特的传统文化，也是西班牙文化发展的丰厚肥料。西班牙融合了很多民族的文化，但是并没有被某种文化同化过。地理位置，历史原因以及民族因素等共同塑造了西班牙民族开朗、豪放的性格，使得西班牙成为一个充满浪漫和艺术色彩的国家。无数才华横溢的艺术家在它灿烂多姿的文化遗产里吸取营养，后来成为行业的翘楚。

　　洛佩兹艺术风格历程大概分为四个阶级，这四个阶段层层递进，不可分离，相互影响又相互融合。它们分别是 1955 年前后用色大胆，笔法张扬的表现阶段，50 年代后期以描绘客观事物为对象的超现实阶段，60 年代以笔法细腻写实的自然真实阶段，70 年代纯真和淳朴的返璞归真阶段。

　　洛佩兹的早期风格具有一定的矛盾性。他的一部分作品展示了成熟的写实技巧，另外一些作品则属于表现主义的范畴。洛佩兹的风格在这一时期经历了这种写实主义和表现主义的冲突，初期的绘画汲取了诸多大师的营养，如 15 世纪文艺复兴时期意大利画家皮耶罗·德拉·弗朗切斯卡的稳重，17世纪西班牙巨匠维拉斯凯兹的大气，17 世纪荷兰画家维米尔的内敛，19 世纪法国大师安格尔的严谨，19 世纪的现代"绘画之父"保罗·塞尚的体积感，等等。他的早期作品有着多元的姿态，但是这种多元化养分，使得洛佩兹的艺术之路从一个高的起点开始，站在诸多大师的肩膀上。这在这种学习过程是必不可少的并且意义非凡。

　　自始至终都坚持着具象主义之路的洛佩兹，在具象主义的范畴里不断地变换着表现风格。在 1955 年前后，此时的洛佩兹即将毕业，作品的风格倾向于"具象表现"。这一时期的作品如《女子坐像》《看飞机的女人们》，都展现了十分娴熟的油画技巧，有着初出茅庐的热情和张扬。他用笔大胆洒脱，色彩对比强烈，但是画面十分稳定大气，深厚的积淀和呼之欲出的潜力，在早期作品中体现得淋漓尽致。

　　1955 年，洛佩兹参加了全国造型艺术大赛，并以优秀成绩获得赴意大利公费考察的机会。我们可以看出，1955 年的洛佩兹已经十分娴熟地掌握了绘画的技巧，具备了很高的绘画素质。这一时期，他的画风比较轻松自如，绘画的速度相对较快，用笔大胆，绘画充满了激情，人物造型夸张但不失真实感，感情流露真诚。虽然最初的设想并不能成为最终的成品，但是艺术家的处理方法是一样的，并没有受到影响。在《新郎和新娘》中（图1-2），新娘高兴地坐在新郎的腿上，似乎伸手向大家示意她的欢喜之情，新郎黑色的礼服把新娘衬托得更加醒目和漂亮；人物脸部造型圆润，有着雕塑般的稳重，身后的家具都是日常生活的再现，桌上的瓶子、信件和西瓜都是他的朋友带过来的。这些早期的画用笔潇洒，采用的堆积、搓、揉、扫等技法使整个画面充满厚重感。洛佩兹前期画面的色彩对比强烈，画面控制得十分稳定，这彰显出一种大气。这些都归功于他深厚的积淀和内在的潜力。

图1-2 《新郎和新娘》

20世纪50年代之后，洛佩兹开始对过于显露地展示情感的表现手法有所不满。这一时期，他的作品在内容上把主观和虚幻结合起来，创作了很多超现实的作品，如《厨房》（图1-3）。在这幅画中，他所描绘的是一个女人和她所在的一个房间，其上半身造型严谨，下半身故意悬在空中，周围物品的造型也很严谨。这样的表达形式是为了制造出一种诡秘的氛围和浓厚的神秘色彩，从而给人制造无限的猜想空间。这是洛佩兹独特的绘画语言，他总能在他的作品中展示自己的想法，引人入胜。因此，他在作品中所表达的思想也总是在不断升华。

图1-3 《厨房》

　　1956年后，也就是洛佩兹毕业一年后，他的作品风格开始慢慢转向超现实主义。西班牙向来有着超现实的土壤，从中世纪的罗曼艺术到文艺复兴的埃尔·格列柯，再到18世纪的戈雅，与20世纪的米罗和达利。这种文化深入西班牙民族的骨髓，表现在西班牙整个国度的方方面面，包括文学作品和建筑作品。超现实和荒诞总是紧密相连的，因此，自幼成长在这个国度的洛佩兹必然受到了熏陶，于是大批的具有超现实主义色彩的作品被创作出来。

　　1965年后，洛佩兹开始定居马德里。受到欧洲城市现代化与一体化进程的影响，他的绘画作品包括了这一时期日常生活用品的改变。在经历了欧洲的新具象运动和新写实主义的洗礼后，洛佩兹的绘画语言渐渐稳重含蓄起来。他开始觉得自己对世界的理解并不充分，超现实主义已经无法表达他对现实空间的感悟，于是，他的目光开始投向物象背后的东西，用物质来传达非物质的实质。这一阶段的作品取材与生活，作品风格也已经极具特色并且创造出了奇妙的意境。

　　20世纪60年代之后，洛佩兹意识到超现实的局限性，他说艺术要反映现实，但是不能不在自然中寻找真实，凭个人的感受来表达自然地真实必然会局限性，所以洛佩兹觉得应该用眼睛捕捉到最真实自然的一面，抓得越准，事物最真实的一面就越能被表达出来。例如这一时期的代表作品有《浴室》《洗漱池和镜子》《坐便器和窗户》（图1-4）等。这些作品具有很明显的时代感。《坐便器和窗户》将卫生间两个方向的物体合并到一幅画中。在画这幅作品的时候，由于洛佩兹距离物体太近，导致物体发生了透视变形，而这造成了瓷砖竖线的变形。

图 1-4　《坐便器和窗户》

　　1970 年后，洛佩兹的作品开始趋于返璞归真。他放弃了以往作品中大量的语言，开始运用成熟的高超技艺在画布上操纵光与色。这时，他的作品色彩凝练单纯，光线柔和，画面和谐温馨，他对于真实的追求也到达了登峰造极。他将时间的厚重和现实的斑驳凝固在了作品之中，达到了一种独一无二的境界。此阶段的作品在用光上面有了突破，这是他艺术走向成熟的标致。同时，这一阶段的作品不再停留在做出矫饰的表达之上，而是将绘画语言极度凝练纯化，竭尽所能地对物体进行主观表达，将物体活灵活现地表达在画布上，使其散发出本质中的神秘感，从而让它拥有生命，就像它们自己在倾诉着自己的故事。

　　20 世纪 70 年代后，洛佩兹的艺术风格也逐渐成熟，表现手法也发生了变化，他用细腻柔和的手法取代了原有厚重的色块，画面整体表现开始和谐统一。这个时期是他在艺术创作中的大丰收阶段，作品有《剥了皮的兔子》（图 1-5）《夜晚的窗户》以及《安东尼奥·洛佩兹·托雷斯之屋》，等等。洛佩兹在选择绘画对象的时候在一定程度上受到了自己的喜好和感情因素的影响，如在绘制《剥了皮的兔子》时，他故意缩小了主题物在画面的规模，设计了与静物相似的场景和比例。其简洁的构图与强烈的形式感，使画面通过桌面和背景的交界线，被分成了两大块灰色的色调。洛佩兹利用方和圆的对比结合，点、线、面的穿插搭配，使得画面非常整体和生动形象。这与绘制一个被剥了皮的大型动物是非常不同的。20世纪80年代之后，洛佩兹在用光上有了很大的突破，这个时期，他的绘画语言相当纯化。他努力表达物象的主观之美，他所描绘的物体似乎都有了生命力，感觉像是物体自己在给观众讲述着自己的故事。

图1-5　《剥了皮的兔子》

通过分析洛佩兹的绘画风格的转变，我们可以看出洛佩兹的艺术风格不是一蹴而成的，其在形成的过程中受很多因素的影响。

洛佩兹绘画题材分为三种。第一，人物画题材。20世纪50年代到60年代末，政治动荡、艺术环境浮躁。然而洛佩兹的人物题材作品，仍然单纯地描述着亲情、家人以及他的生活中周遭的事物，并将家人真实的生活状态记录到了画布上。人物题材的代表作品有：《卡门首次参加圣餐仪式》《玛丽半身像》《祖父与祖母》，等等。第二，静物画题材。静物是洛佩兹经常画的题材。1965年，洛佩兹的家搬到了马德里。在这里，他创作了大量描绘他新家环境的作品，如《浴室》《洗漱池和镜子》《坐便器和窗户》。以冷色调为主的画作使观看者仿佛从作品中感受到了洛佩兹对新环境的感受。他画中的一砖一瓦都透露出他的"精神"实质，仿佛这些画作在背后都在向观看者传递着这位艺术家自己心中的好奇与新鲜感。这次环境的变迁也给他未来的艺术表现手法带来了巨大的影响。第三，风景画题材。洛佩兹早期的风景画题材作品色调明亮，笔触大胆张扬。1965年以后，洛佩兹把家搬到了马德里，从田园到城市，马德里城区的楼房又让他在风景画上增添了许多灵感，对城市生活景象的表现背后又有深刻"精神"领会。

作画时他常距风景画中的风景较远，所以他的风景画很多是大幅的全景式城市风景作品。在作画时，他追求一种时间凝固的感觉，并且不厌其烦地修改，这使画面因留下了每遍修改形成的痕迹而产生了厚重感。洛佩兹依靠照片来选择构图，并将其连同城市的喧嚣与活力一同烙在画布上，成为对一个时代的"精神"的印记。为了抓住环境的实质精神，洛佩兹把大把的时间与精力花费在作品的场景美感与真实性的记录上。长久以来，洛佩兹一直专心研究描绘广阔并且复杂的城市、高楼、繁华的街道以及寻常的小景，最后呈现出的画面让观众仿佛能感受到那天的阳光明媚，那个时代的自然环境以及作者的心境。洛佩兹风景画主要代表作品有《从马里乔萨峰看马德里以北》等。

第三节　洛佩兹在当今美术界的影响

洛佩兹一直致力于具象艺术的探索，表面上看他虽经历了几个阶段性的变化，但写实的绘画风格始终没有改变。他不为当时日新月异的艺术潮流左右，日复一日地去探索眼见的真实世界。虽然他的画风柔和细腻，但是他的那颗探究心却是坚韧不拔的。他的绘画创作都是源于自己的观察。他通过对事物本身的好奇去探究其本质，挖掘独特的视角，并用高超的技艺加以表现。这种透过平凡物体的表象表达出的客观真实是画家本人真实的体验与感受，正因如此，他的画作才充满鲜活的生命力。通过自己的观察与体验，洛佩兹无休止地探索具象艺术，寻找突破写实绘画的可能性。正是采取了这种做法，他的作品才拥有了强悍而个性的绘画风格，其作品的影响力才逐日扩散，他也最终成为人们公认的"在世的最伟大的现实主义艺术家"。

虽然洛佩兹生活在西方世界经济文化高速发展的时代里，但是他的艺术创作从不因潮流的变幻而摇摆。他始终坚持自己的艺术信念，运用传统艺术的表现形式去描绘自己的生活。

改革开放以来，我国的经济文化进入了一个高速发展的时代，随着现代化建设的开展，西方文化艺术思潮不断被引进并与我国传统艺术文化相互碰撞、相互影响。洛佩兹的经历告诉我们，只有在艺术潮流中坚持自己的理念，才能创作出有着自己风格面貌的作品。

洛佩兹的创作构筑在理性与科学的传统艺术之上，有着扎实深厚的造型基础。他在依托物象的基础之上又带有自己个性化处理，这让他的作品在忠实于客观对象之上又充满鲜活的时代气息。为了更好地表达自我认知的真实世界，他常去现场捕捉和把握光与色的微妙差异，即使这要花费大量的时间与精力。成名之后，洛佩兹也从不为了数量而加快创作速度，还是一如既往地耐心揣摩画面，并拿出以前的画作反复修改。他对一些作品中人物造型的处理方式并没有被客观现实所束缚。

洛佩兹对中国现当代艺术有着深远的影响。曾梵志自言洛佩兹是其偶像，在绘画上洛佩兹给予了自己很多启发。在《周末画报》对曾梵志的一次访谈中，曾梵志描述了拜访洛佩兹的情景。令他吃惊的是这位西班牙一流艺术家生活在十分普通的环境中，家具装修风格和20世纪70年代寻常百姓家的装修风格一样。更让曾梵志意外的是，洛佩兹的工作室在一座年代久远的大楼的地下室内。曾梵志惊讶的是洛佩兹声望和地位与生活工作环境的巨大差异。毫无争议，洛佩兹是伟大的艺术家，但他的生活环境却与普通人无异，而他创作出的一幅幅充满魅力的伟大作品就来源于这平常无异的生活之中，这似乎也印证了"生活中并不是缺乏美，而是缺乏发现美的眼睛"这句话。洛佩兹的作品体现了他看待艺术与生活的关系。即使只是在字里行间的描述里或者图片影像的记录中看到洛佩兹的艺术作品与他的日常生活记录，我们也能够让自己的心灵沉淀下来，让自己创作不再那么浮躁，积极地迎接每一天的生活，更加细致地去体会每一天发生的事情。

1949年至今，洛佩兹一直在马德里生活。他和既古老又年轻的名城一起成长，并见证了它的变迁与扩张。他熟悉并热爱那些保存着历史遗迹的老街道，也对楼群林立的新城感到陌生、新奇。时间的流逝与人类活动，把自然景物与人为建设、新城与老区、现在与往昔复杂地糅合在一起，形成了都市人情感中难以割舍的怀旧情绪。这种情绪与城市化进程成为矛盾的统一体，使人剪不断，理还乱。而这种人与城市之间复杂的矛盾关系便是艺术家乐于表达的内容。

值得一提的是，洛佩兹的现实主义样式更多地被中国当代青年艺术家所引用。这是一个有趣的现象。2007年后，在中国美术家协会、中国油画学会、中国油画院主办的青年展览中，模仿学习洛佩兹图式的青年油画家开始增多，他们有的表现城市的俯瞰场景，有的表现街道小场景，有的表现某一建筑或边角旮旯。在作品的构图方面，他们有明显模仿洛佩兹的痕迹，但在表现语言上却又各有不同。洛佩兹的现实主义图式被中国当下的青年油画家接受，笔者认为这与他作品中独特的图式与西班牙传统的油画技法有着直接的联系。20世纪60年代后，洛佩兹开始以庞大的俯瞰式构图描绘他所生活的城市马德里，这种独特的图式需要强大的造型能力与精确的透视理论作为基础，而中国当下的"70后""80后""90后"成年艺术家大多有着学院教育的背景，他们在学画之初便接触到了透视理论中的单点透视法，在经过了本科阶段或研究生阶段的学习后，他们还具备了一定的造型能力，这些能力便是他们创作的"软件"基础。此外，庞大的俯瞰式构图及精微的细节描绘需要消耗艺术家大量的创作精力与时间，所以创作周期长，工作量大，作品产出率低。因此，中国青年油画家在创作时间与创作精力上比中老年艺术家有一定的优势。当然，更重要的一点是因为洛佩兹所描绘的折射出城市化进程中人与城市之间复杂情感的街景与城市俯瞰图式与当代中国有一定的相似之处。

人类的不断开发使得城市面貌发生着改变。与此同时，人类普遍带有的"怀旧情节"往往会根据环境的更替与改变而触发。这种情感不仅仅局限于个体对于过往的回忆，或是"年华逝去"的印记，还有作为人类正常的情感。中国"70后""80后""90后"出生的青年群体恰恰生活在一个社会快速发展的起步阶段，他们经历了从计划经济到市场经济的变化，经历了城区的改造与城市的扩张，在面对童年生活的环境被改造或拆迁时，即将步入中年的他们开始有了"时光流逝"的危机感，故而触景生情，触发"怀旧的情绪"。所以，中国当下的青年油画家，尤其是青年具象油画家很容易与洛佩兹的现实主义样式产生情感的共鸣，并将其借鉴在创作中。而洛佩兹掌握的写实技术更是中国当代青年油画家所迷恋的因素。

在上文中，我们可以得知，洛佩兹的绘画风格继承了前代大师探索成果，并在这之上再探索出了一条新的道路。洛佩兹在艺术的道路上显然不单单满足于继承传统，而是在此之上又加入自己对艺术的见解，继续开辟新的道路，创造出属于自己的风格语言。

第二章　洛佩兹油画艺术特色

第一节　构图层次

对分式和对角线式构图经常在古典绘画中被采用，这两种构图经常被用来表达强烈的纵深感。如何真实表达物体的体积感和空间纵深是当时绘画的一个重难点。经过长期实践，人们发现利用对分式和对角线式构图能更加容易地表达画面空间的深邃，于是，它们成了经典构图样式。这样的构图能很好地表达真实的体积与空间，也切合洛佩兹用具象的绘画语言更好表达真实世界这样的艺术观点。

这种构图方式从洛佩兹创作伊始一直延续至今，但只有在后期的作品里被运用得更加自然。从这个角度我们也可以窥见洛佩兹绘画风格的改变只是一种思考方式的转变，而在用绘画去表达眼中真实的世界这一点上，我们看出了一种线性的延续。从画面的构图上我们可以看出古典绘画对洛佩兹的绘画语言产生的深远影响。采用这样的构图，画面自然会散发出一种肃穆、平和的情绪和庄重、恒定的精神。

洛佩兹经常在画中用直线构图，用以区分不同形体。物体在洛佩兹的画面中多被概括成几何形，各种点、线、面通过洛佩兹的画笔在画面上保持着一种视觉上的平衡。这种平衡感也传达出平静与永恒之美。

在其油画作品《阳台》（图2-1）中，洛佩兹描绘了飘窗、飘窗上的水果、铁网及远处的房屋。在画面中，直线分割出不同的层次，画中不同物体也被归纳概括成几何形，并用不同颜色的色块区别出来，以便使在画面的布局上保持一种平衡。

图 2-1 　《阳台》

　　在风景油画《卡皮坦·哈亚视角下的马德里》（图 2-2 中）中，画面采用对角线构图来表达城市的纵深，画中一座座楼房依次推向远方，直到消失在地平线之上。画家运用不同颜色的色块描绘画中的房子，并以大量理性的直线加以区分，通过交错复杂的直线和几何块面在画面构图上保持平衡。画面左右部分犹如天平平衡的两端，这种平衡散发出宁静与祥和的永恒之美。画中整个城市仿佛消失于一点，又好像从这个消失点散发出来并铺满整张画面，而画家仿佛在围绕着这个"点"来叙说整张画作。反复欣赏这幅作品，脑中能够浮现出洛佩兹在这长达十年的时间里耐心地寻找着这座城市在十年内留下的痕迹，还能够浮现出洛佩兹好像在用眼睛一丝不苟地测量着这座城市，并用画笔记录结果。而这样的记录竟耗去十年光阴。画家这样的做法，令人觉得震撼，而这样震撼却来自这般宁静祥和的风景，又让人觉得出乎意料。

图 2-2 　《卡皮坦·哈亚视角下的马德里》

第二节　视觉效果

一、立体主义式重构画面

上文中曾提到自由安排画面物体的位置并重新构建画面的立体主义做法，它是洛佩兹超现实主义时期作品的常用表现方式，被用来营造出超现实主义的视觉效果。

油画作品《吊灯》（图 2-3）就是这样一幅带有超现实主义风格的作品。整个画面描绘了一个矛盾的空间，引起人的无限遐想。画中人物左手举着白色的卡片，右手手臂上挂着毛巾，人物周围是室内的天花板和灯，背景的暗色烘托着人物，这块暗色占据了画面大片面积，仿佛是室内的空间，又仿佛是夜色的天空。人物的下方是一处街角的远景。画面下方出现的斜直线把前方房屋的亮色和远处夜色下的街角笔直分开，而在这块区域出现了明显的锐利几何形，这和立体主义的语言不谋而合。盘子自由地漂浮在空中，只有半身的人物也像幽灵一般飘着，室内场景和夜色下的街角这两种不同的场景通过背景的暗色组合起来。

图 2-3　《吊灯》

洛佩兹这样处理画面却不显做作的原因是他有着强大的造型能力——画面中每个物体都被很具体地画出来，物体的质感、光影的微妙变化都没有遗漏地被捕捉并描绘出来。对画面中人物和物体进行逼真的描绘，为这种"怪异"的绘画风格提供了说服力和有力的支撑。如果通过类似的想法去构架画面，而没有高超的技艺手法去支撑画面，那么这样的画面就如空中花园一般虚无缥缈，让人感到没有头绪。这种立体主义式组合画面加上逼真写实的描绘，使画面有着怪异、离奇的氛围，给人超现实的视觉感受。

二、直线分割画面

洛佩兹的很多作品在视觉效果上都有一个共同特点，就是利用直线分割画面，把一张画纸划分成几个不同部分，让几个部分既有联系又被分离。

例如，在油画作品《托梅略索的圣莉塔街》（图 2-4）中，电线杆似乎出现在了画面的中间，而画面中心位置的电线似乎又把画面上下等分。

图 2-4 　《托梅略索的圣莉塔街》

再如，在油画作品《卢西奥的阳台》（图 2-5）中，垂直的绿灰色条似乎左右等分了画面。沿着这个绿灰色的垂直线，我们可以看到通过拼接形成的不同板块所呈现出的不同视觉效果。在 1962—1981 年这 19 年的时间里，我们能够想象出洛佩兹不停地变化画面尺寸，通过增加或减少画面内容使画面呈现出的视觉效果发生变化，直到出现视觉上平衡与完美才罢休。这种时间的累积、耐心地思索所描绘出的虽是平凡的景致，却震撼人心。

图 2-5 　《卢西奥的阳台》

　　洛佩兹在风景画中运用了很多这类处理方式。在油画作品《从瓦莱卡斯消防塔眺望马德里》（图2-6）中，洛佩兹同样拼接画板作画，利用直线区分了楼顶天台和远处的城市风景，地平线恰巧出现在画面中间，天空和地面在画面中间被区分开来。地平线由房子的边缘线组成，显得细腻丰富。而远处山脉形成的浅灰色则很好地衔接了天与地，直线组织的内容从透视焦点放射扩展，让整个画面宏大气魄，充满张力。

　　在《摩尔人广场》（图2-7）中，天与地也各自占据画面的二分之一，洛佩兹用浅灰色条衔接它们。

图 2-6　《从瓦莱卡斯消防塔眺望马德里》

图 2-7　《摩尔人广场》

　　对于画家来说，如何处理画面的中线位置是敏感而且棘手的。通常，中线都是隐藏在画面中，不过也多进行描绘，如有需要刻画的物象出现在画面正中位置，一般的做法都是把这些东西移到画面上方或者下方，或移到画面的黄金分割线位置，避免唐突与呆板。

而洛佩兹却大胆地在画面中间位置用直线分割，把画面分成上下或左右两个不同场景，这不仅使画面构图看起来新鲜、独特，还使画作视觉效果强悍、极其富有张力，在具象的画面中同时也表达出了抽象美。

《洗漱池和镜子》（图2-8）这幅作品里描绘的是寻常人家的浴室一角：洗手台上布满了日常生活所需要的洗漱用品。画中，灰白色条状的几何图形上下等分了整张画作。乍一看，像是两面平行的墙因为位置不同而形成的横截面。由于作者的描绘，这个横截面和两个墙面很自然地融合在了一起。仔细看，好像又不是两个墙面的横截面，因为不同瓷砖黏合所形成的直线在横截面的地方不是正常的透视，而是相反的透视。把它解释成一个横着的台面则是因为在这个灰白色的几何形状内，涂墙用的腻子质感和肌理被洛佩兹形象地描绘出来。这种不确定的描绘方式充满疑惑，拉动人的视线多次反复欣赏这幅作品。这条灰白长条是洛佩兹有意为之的结果，而耐心刻画出的质感，是其在画中不显突兀的原因。尽管这不合常规，但洛佩兹用画笔演绎了一场视觉上的魔术，这让人叹为观止。这样的描绘方法表达了洛佩兹对图像视觉感受的深邃思索以及对画面形式语言的不断琢磨。在《坐便器和窗户》这幅作品中，同样也出现了类似的灰白色几何形。

图2-8 《洗漱池和镜子》

三、画面边缘的变形

1960年以后，洛佩兹的一系列素描和油画作品有一个明显的特征，即在画面的边缘处出现了弯曲变形，这种变形源于人真实的视觉感受。

当人眼前的景象投射到视网膜上并转化成图像的时候，由于人的眼睛是个球体，图像的边缘会出现微妙的变形，距离眼睛越近，这种变形就越明显。这个现象并不是什么秘密，因为它在文艺复兴时便广为人知。但当艺术家进行绘画创作的时候，通常还是选择需要理性与科学计算出的线性透视，然后再用大量的直线穿插交错从而组成精准的图像，而曲线变形的视觉现象却被忽视。

在《托梅略索的房间》（图2-9）这幅素描中，地板的接缝处连接起来的并不是直线，而是呈现出一种明显的"U"字形弯曲的曲线，墙面等地方也同样呈现出这样的弯曲。

图2-9 《托梅略索的房间》

素描作品《安东尼奥·洛佩兹·托雷斯之屋》（图2-10）描绘的是洛佩兹的叔叔在室内走路的一个瞬间。画面边缘的弯曲变形在这幅作品里表现得很明显。画家为了强化这种视觉效果，用线条反复描绘人物的双腿，这种反复用线去描绘双腿的做法虽然让双腿的形状到最后都没有确定下来，但恰当地表达了人正在走路的过程感。画面最前端的地板被画家虚化处理，同时，在地板的一些接缝处，画家用重色曲线强调出这种弯曲的变化。在这幅作品里，洛佩兹强调了画面中间的白色部分，而为了衬托这块白色的中心位置，其他部分都进行了不同程度的弱化处理，这使画面整个中心集中到中间亮色的部分。

例如，画面中右边柜子在边缘线的地方与其他地方只是略微分开。对画中托雷斯的描绘，洛佩兹也只在关键的转折处用长条状的黑色点到为止，而托雷斯身体的其他部位也只与背景刚刚分开，色层的差别微弱，恰到好处。在描绘连接客厅与更远处的室内区域时，由于门那一块是受光的地方，所以为了描绘出真实光线的光感，洛佩兹将其画得混沌却丰富。同时，在门周围那块地方，地板被画得清晰可辨。整幅画面就这样虚实相交，洛佩兹对每一部分的刻画都服务于眼睛看到的真实视觉，在画的背后仿佛有洛佩兹理性而冷静地审视与分析着眼看到的一切，并把它们井然有序地转移到画面上。该图画面的每一个角落都被用心地刻画，每一部分都充满了洛佩兹认真的思考与看待，而这种思考与看待都被洛佩兹毫无遗漏地捕捉并安排在了画面里。

洛佩兹这样的刻画手法使平凡一角变得严肃又庄重。洛佩兹其他的风景油画也同样充满了这种视觉效果。这些都是洛佩兹通过眼睛去观察，然后再把观察结果转移到画布上的结果。

图 2-10 　《安东尼奥·洛佩兹·托雷斯之屋》

第三节　光线传达

洛佩兹的画给人一种时间被凝固的感觉。画面上出现的这种感觉与洛佩兹对光线的精准把握和其与众不同的绘画方式密不可分。

一、光线色彩的特点

在洛佩兹中后期的绘画历程中，他化繁就简，更加关注物象本身。他通过精准定位来捕捉光线的色彩。他的画面华丽明亮，闪烁着光线的亮度。画面中晴天的暖光、阴天的冷灰色、白炽灯灯光、夜晚路灯的光等每一块色彩都仿佛围绕着一种光线展开。当然，画面中的光感并不是洛佩兹首创的，历代大师都曾围绕着光线这一主题画出了一幅幅不朽的作品，例如卡拉瓦乔、拉图尔、伦勃朗等艺术家的诸多作品都有着对光感精湛的描绘。但洛佩兹画面里的光感又明显不同于上述大师。

洛佩兹毕业之后赴意大利游学考察的经历让他关注起古代美术及文艺复兴早期的艺术形式。文艺复兴早期艺术大家弗朗切斯卡对空间独到处理以及形体几何简化给予了洛佩兹很大的启发。在弗朗切斯卡的作品中，光线、透视、空间关系在一起被完美地表达了出来，壁画《君士坦丁堡之梦》（图2-11）便是弗朗切斯卡的代表作品。作品描述的是大战前的夜晚，皇帝在敞开的帐篷里安睡，仆人在皇帝身旁托腮坐着，前方是两名手持武器正在警戒的卫士，左上方的光亮照亮了静寂的夜，手里拿着十字架的天使从天而降。整幅画面里的所有人物及其周围环境的明暗围绕着左上方的光亮展开，这片光亮如同舞台上的射灯，映照着主角。画中人物形象概括简洁，没有琐碎的细节，这使观众的视线集中在帐篷周围，同时把一个神秘的夜晚恰当地表达出来。光感很强烈地体现在这幅作品里。

图2-11　《君士坦丁堡之梦》

洛佩兹的绘画风格建基于历代大师之上，其严谨的构图，几何化的造型，精确的透视，对光与色的描绘都继承了传统绘画的精髓。在这之上，洛佩兹又有着现代的表达，这样便与古代大师的绘画风格拉开了距离。如洛佩兹作品中光线的表达方式，很明显与古人作品中光线的表达方式拉开了距离。

油画作品《查马丁夜晚的窗户》（图2-12）主要描绘了一个窗户以及窗外的夜色。在作品中，窗户以及墙壁被有意识地简化成了几何图形，绿色墙壁和白色窗台的色彩、透视变化被一丝不苟地画了出来。明亮的屋内和幽暗的夜色形成了强烈对比。窗外的夜景虽然幽暗，但是夜色下的不同景物在一个黑色调里被很仔细的区分出来。同样，昏暗的窗外和明亮的室内两大色块被很好地区分开来。这幅作品里的绿墙色彩呈中性，只有光线直射的地方才有一点点暖色的倾向，柔和的室内光线很明显是由于白炽灯的照射所形成的。

我们能够从投影的方向判断出光线是从左上方照下来的，在这里，我们也可以看出洛佩兹对光线捕捉的严谨。

图2-12 《查马丁夜晚的窗户》

这幅作品同样具有严谨的透视、准确且充满光感的描绘，它对物象也同样有着几何化的处理原则，如同古典大师所做的一样。但是由于环境变了，古代并不存在钢筋水泥结构的房子，也没有白炽灯泡的照明，由此呈现出的图像色彩便会不同。用眼睛去判断所描绘物象的面貌，然后运用古代大师总结出的原理法则描绘当下生活的做法正是洛佩兹绘画师古不泥的表现。

虽然洛佩兹也运用着和弗朗切斯卡在《君士坦丁堡之梦》中相似的绘画法则，但由于时代不同，科技发展不同，光线、夜色发生了巨大的变化，两者的作品也大相径庭。虽然学习古典绘画的原则但同时忠实于自己眼睛的观察的做法，使洛佩兹的绘画作品散发出独特的个人魅力。这是洛佩兹写实绘画的与众不同之处。

画家的心应该像镜子一样，将自身转化为对象的颜色。假如这个人不是一个能够用艺术再现自然一切形态的多才多艺的能手，那么他也就不是一位高明的画家。这就是说，绘画是反映在画家心里的借艺术手段再现的自然，但是作画时单凭实践和肉眼的判断而不运用理性的画家就如同一面镜子，只会抄袭摆在面前的东西，而对它们是一无所知。画家不仅要依靠感官去认识世界，而且要运用理性去揭露自然界的规律。所以，达·芬奇一方面是以自然为师，另一方面又十分强调理性的重要，要求画家们具备透视学、光影学、人体解剖学等方面的知识，还要以之指导创作，忠实地反映自然万物的形态，并将之和丰富的想象力结合，在和自然竞赛的过程中创造出自然没有的形象。

二、洛佩兹如何描绘光线色彩

在一幅创作里，光线的作用很重要。因为只有在有光的世界里才能看见事物的面貌。光线被洛佩兹运用得十分生动、微妙和自然，这让观者都沉寂在画面中，好像一切物体都能被感触到一样。洛佩兹作品中的很多细节都需要用光线来呈现，因为它会营造一种神秘的氛围。具体来说，为了营造这种神秘的氛围，洛佩兹采用多个光源同时射入的方式以使照射的效果柔和与唯美。光线在画面中的作用和地位很重要，它是画面造型和色彩黑白灰关系的基础，解决好了光线的问题，就等于处理好了整幅画黑白灰之间的关系。他对光线的巧妙运用是他绘画的标志性特征。

由于天气变幻莫测，所以光线在角度和强度上有很大的区别。光线不是独立存在的个体，它要受到大气层等一系列自然因素的影响。所以说光线是很难捕捉和把握的。既然如此，我们为什么要为难自己，非要把光线引入我们的画面呢？答案很明显，因为光线对于画面来说实在太重要了。我们之所以这样做就是因为自然光能够给绘画提供更多优势，能给我们带来很多绘画乐趣和意想不到的效果。纵观伟大的画家的表现手法，有的艺术家很好地解决了这个问题，并且给画面带来了很大的生机和趣味，例如克劳德·莫奈。他通过大量的实践研究总结了属于自己的方法：为了画同一个物体，为了追随光线的变化从而捕捉物体的变化，他会在绘画之前放置很多画架，以便对同一个物体进行描绘。与莫奈不同的是，为了画一幅画，洛佩兹总是要花费很长的时间进行观察和反复修改，因为洛佩兹在绘画的时候总想把握事物的第一感觉，所以有很多人认为他的很多时间都被浪费掉了。但是笔者认为这正是洛佩兹的艺术风格，更加说明了他对艺术孜孜不倦的追求。

在洛佩兹后期的城市风景作品中，特别是 2000 年以后的这类作品中，作品标题大多加以具体的时间点来命名，而作品里的色彩也都是围绕着这个时间点来展开的。例如，作品《8 月 1 日 7 点半的格兰维亚》（图 2–13），等等。显然，这些作品描绘的是特定时刻的风景。这种命名方式，可以视为洛佩兹绘画的一个特点，因为这样的标题就好像标记一般，把画中的风景定格在那个特殊的时间节点上，具有明确的指向性。不难想象，为了更精准地捕捉光线色彩，洛佩兹只在光线相同的同一时段创作其中的某一幅作品，一旦时间和光线发生了改变，这幅作品便被暂时搁置，等出现相同条件时再拿出来继续作画。因为这类作品属于室外创作，需要自然光线的辅助才能够完成，而光线又转瞬即逝，所以这就需要画家抓住精确的瞬间。因此，洛佩兹的城市风景的绘制过程变得极其漫长。这样搁置画作的绘画方式是个人绘画的一种习惯。在不画的时候，景色与心态都在变化，后来再画时，画家就会将这些"变化"再添加到画面中去。这样，画面中的变化如同镜子一般照应着马德里城市所发生的变化。这种特定时间的光感，深深嵌入他的创作中。这样的光感也许并没有体现在画面的叙述情节上，但已成为他绘画重要的构成元素。

《8月1日7点半的格兰维亚》描绘了充满了柔和的暖色清晨的马德里的街道。对画面前方树木的描绘方式与对城市街景的描绘方式不同，对前者的描绘并不很具体，表现在模糊概括地画出了并不是很确定的外形。从画面结果上来看，这两种画法形成了强烈的虚实对比。我们可以大胆推测：由于作画周期较长，而且和房子不同，树木的外形会随着时间的推移发生较大的变化，所以树木在画面里呈现出这样的形象也就不足为奇了。画家不是故意把树木画成概括的外形，而是洛佩兹忠于自己眼睛的观察，忠于时间点的把握而做出的真切表达。这样并不确定的树木好像传达出了时间流逝的讯息，也许某一天时机成熟，洛佩兹会再次拿出这幅作品，把这几棵树的形状完善起来。正是这份对视觉的坦然与真诚，让时间在他的作品上烙下了深刻印记。

图 2-13　《8月1日7点半的格兰维亚》

第四节　技法运用

洛佩兹在绘画中也是十分重视技法的，在表现不同的题材和作品的时候，他都会采用了不同的方法来传达自己内心的感受。他的技法相当娴熟。

合理的造型安排、准确的刻画、收放自如的笔触、明暗深浅的色彩变化等都是构成绘画技法的要素。

20世纪50年代早期，受到意大利绘画的影响，洛佩兹绘画风格偏表现，造型夸张概况。为了使画作达到自己想要的形态，他甚至采用了变形的手法来表现物体的特征。仔细看这个时期的绘画，我们可以发现他与塞尚和毕加索在新古典主义时期的作品有相似之处，即在造型方面追求表现与稳定的完美结合，这样可以营造成一种庄重氛围。他在这一时期的所有作品都是在依据客观事物的基础上注入了自己的感情。这个时期，他在对颜料的处理上有一种朴拙的雕塑感，显得很干燥，但他采用这种处理方式的目的是制造一种静谧感，从而显得不受时间约束。洛佩兹早期经常采用堆积的厚画法，具体表现在笔触上经常采用拖、刮、蹭、堆砌等方法，笔法洒脱有力，一般采用大号笔进行绘画。为了达到丰富的画面效果，他还用刮刀的尖刮出了一些很有节奏感的线条，这些线条有的在轮廓线上，有的在暗部的阴影处，后者使暗部能够更加透气。为了配合形象本身的衣褶或者轮廓线，画面中有很多刮刀刮抹的痕迹，从而制造出了一种肌理感，这样使形象更为突出。他的早期作品的色彩都比较鲜亮，所以画面的透明感不强，这在《看飞机的女人》《阳台》《新郎和新娘》等作品中体现得很充分。

20世纪60年代以后，在主题选择和技法上，洛佩兹的作品与他之前的作品都有很大的差别，这与他长期的探索和对艺术的认识发生变化有关。这个时期的绘画，色调上整体偏灰，不再是以前那种鲜亮，用笔上多采用涂抹的痕迹，用干湿结合的画法搭配。这种变化从《埃米利奥与安吉利纳斯》中就可以看出来。洛佩兹一般以炭笔起稿，在有些地方直接用松节油稀释，然后让松节油自然地流淌；在灰色区域，他一般用调色盘上以前作画堆积的灰色的颜料，并用大笔很爽快地涂在画面上；需要调整的部位再进行特殊调整；大色涂抹完之后，洛佩兹不是按照由暗部到亮部的作画方式绘画，而是采用从局部到整体的作画方式。这样的作画方式充分说明了画家对画面整体把握的能力。在刻画物体细节的时候，他常采用半透明罩染法，如《坐便器和窗户》《剥了皮的兔子》《洗漱池和镜子》等，这是为了追求真实的效果，因为罩染法有助于反映冷暖调子之间的微妙变化，使得颜色既丰富又和谐统一。在《剥了皮的兔子》这幅作品上，桌面上的血迹被刻画得非常逼真。这个细节表现了兔子的基本特征，达到了惊人的效果。罩染法能够使画面的整体色调统一和谐。洛佩兹的画面更接近古典的画法，因为画作颜色不是很厚，有时为了达到想要的效果会在局部采用罩染法。此外，画面中笔触的衔接比较柔和。

通过观看由西班牙的维克多·恩里科导演亲自执导的纪录片，我们可以看出洛佩兹的作画过程非常细致：首先，铅笔打稿，起形期间非常认真地思考物体的形体和构图。我们一般是不用辅助器械来打稿子的，但为了达到对画面的精准定位，洛佩兹先是用钉子订好脚下的位置，然后用尺子量好物体与物体之间的距离，再把要画的地方用绳子框起来并固定在一定的范围内，然后用白色的笔把关键的定位点都标注出来。这是作画前最基本的准备工作。其次，用大号笔将稀释过的颜料先大面积涂抹，确立整体的关系，然后按照果树的明暗和光线的变化逐步深入，需要加强修饰肌理的部分就加厚颜料，需要加强黑白灰感关系的地方就用罩染法解决。刚开始作画时要始终从整体控制画面，不要去过分抠细节，等到画面的整体关系出来的时候，需要加强的地方就要认真刻画和修饰。此外，画面中不重要的部分要虚画。虚实结合才会使画面显得生动自然。值得一提的是，这时期的绘画，在基本材料的运用上有了很大的改变。洛佩兹对绘画的要求非常严格，布面不能适应他反复的修改和涂抹。大家都知道，洛佩兹的绘画周期一般都很长，所以他改用木板来进行油画创作。用木板创作的油画会使绘画技法发挥得更加自如，更适合洛佩兹对绘画的要求。在画面中，为了突出表现某些效果的变化，洛佩兹专门采取了拼贴等手法以增强画面凹凸的肌理感。可以利用木板本身的纹理特征在木板上做肌理，然后再着色，这样就能产生意想不到的效果。洛佩兹还尝试将木和聚酯塑料结合起来，以便达到类似浮雕的效果。这样的处理方法会使画面的装饰性很强，因为木质材料具有深厚的感觉，聚酯塑料具有光感，这两种材料结合在一起有着意想不到的效果，如作品《情侣》《挂衣钩》等，它们都是利用特殊材料表现其特有效果的。它们的画面质感很强，乍一看以为是浮雕作品。《埃米利奥与安吉利纳斯》（图2-14）是一幅木板油画，画面中的主题人物丈夫和妻子都是用油画完成的，孩子的位置却是用拼贴的手法把他固定在画面上的。洛佩兹专门在素描纸上涂上一层淡淡的黄色，使得纸张发黄，给人一种悠久的历史感。《晚餐》（图2-15）也是同样运用粘贴的方式，将印有苹果和肉的印刷品直接粘贴上去。他的用意就是探求画面的新形式，追求一种创新。

图 2-14 《埃米利奥与安吉利纳斯》

图 2-15 《晚餐》

这些技法都对洛佩兹具象写实作品中的色彩的变化产生了重要影响。在后期的创作中，洛佩兹对这些技法的运用和掌握越来越熟练，进而达到了炉火纯青的地步，从而形成了自己独特的绘画技法和绘画语言。尤其在 1965 年以后，洛佩兹的艺术风格更加偏向含蓄和内敛，更加注重现实世界的真实状态。在这期间，洛佩兹的主要以风景和空间为题材的油画，也基本采用了木板油画或者把油画布绷在木板上来创作的方法。这样做是为了能够反复修改和着色。这个时候，画面所表达的情感是画家最重视的，而画面的笔触、色彩关系、冷暖关系等都退到了次要位置。画家注重的是一种情感的传达，所有的构图、色彩、造型等都是为这一目的服务的。洛佩兹用素描来表达一种神秘无常和神秘莫测的感受。洛佩兹的素描采用的是一种特有的手法，并不像美术学院里的光影素描那样光感强烈，例如素描作品《木瓜和南瓜》《南瓜》，其中《南瓜》（图 2-16）是比较有代表性的作品。这幅作品几乎没有光影。画中的南瓜全是用黑色炭笔勾勒而成的，线条有松有紧，表现了静物本来所特有的美感。这些表现就是洛佩兹的绘画语言所特有的符号，是他的领域，是他一直坚持不懈的探索。

图 2-16　《南瓜》

　　为了达到心中预期的表现，洛佩兹在创作各种类型和题材的作品时多采用各种各样的技术方法和手段。造型的合理安排，笔触的收放自如，色彩的对比变化，明暗的深浅变化等都是组成技法的要素。

　　另外，值得注意的是，在这段时间，洛佩兹创作了大量的浮雕作品，材质上也多种多样，包括木质、石膏、铜板。在构图和题材的选择上，浮雕作品与绘画基本上如出一辙，但是形成了属于自己的浮雕风格，前者比较注重有序的步骤，材质的选择和肌理的运用，有些着色浮雕在色彩上则选取了灰暗色系，并且具有西班牙传统的独特风格。这些特点在《灵魂》《食物柜》和《睡梦中的女人》（图 2-17）中都有体现。《睡梦中的女人》是一幅很充分的着色浮雕作品，这幅作品有三个版本。在这幅作品中，洛佩兹想要努力表现各种材质本身的质感和整个画面的空间感。这幅作品某种程度上是洛佩兹绘画艺术和浮雕艺术的结合体。在整个作品中，人体皮肤、人物的衣褶、床单、被罩、枕头、墙壁、地板、木床所有这些物件的质感都做得十分逼真。在上色方面，这幅作品几乎与画家在油画中的手法一致。此外，浮雕特有的空间透视感，拓宽了画家想要传达出的意境，一种恒久的梦境感笼罩了作品，也进入了观众的内心。

图 2-17 《睡梦中的女人》

他后期的雕塑作品从另一个方面诠释了自己对艺术的理解。具象题材的雕塑，如妻子、女儿、孙子、孙女，似乎更能表达画家的内在思想。他试图通过这样一种表现形式来剖析和挖掘人的内心精神世界。1961 年至 1962 年创作的《玛丽半身像》使用古典的手法，表情、动作、姿态都惟妙惟肖，尤其是微微向左下低垂的头，显得若有所思。以在这件作品，我们可以看出洛佩兹对雕塑主人公的爱。也就是在 1962 年，洛佩兹与玛利亚结婚了。在雕塑作品中，他吸取了古希腊、古罗马以及亚述、埃及的优秀精华，拓展了自己在二维画面中无法展示的饱满的全景化的形象，开拓了自己的艺术视野。

1965 年以后，在美术的继承与发展上，洛佩兹似乎已经进入了艺术的成熟平稳期，弗朗切斯卡、提香、埃尔·格列柯、维拉斯凯兹、维米尔、戈雅、塞尚等前人和大师的精华已进入了安东尼奥·洛佩兹·加西亚的血液中了，这时的他可以说在艺术上已经有了自己的面貌和语言。

第三章 洛佩兹油画中的"真实"

第一节 具象表现

一、对具象绘画语言的理解

安东尼奥·洛佩兹·加西亚是当代具象油画最重要的代表人物之一，而具象油画是具象绘画的其中一种表现方式，本书中所指的具象绘画主要针对的是具象油画。了解洛佩兹的油画风景语言，首先应对具象绘画语言进行深入研究。

具象绘画是艺术家用绘画语言表现他们在生活中为之感动的、活跃在艺术家头脑中的具体形象的绘画，传统的古典写实绘画和当代的新具象绘画都属于具象绘画的范畴。文艺复兴是具象绘画发展的鼎盛时期，以往写实绘画的观念、技法，以及新产生的油画，给了具象绘画更丰富的表现形式。这种没有边界的写实主义，即模仿自然理论，遵循的是亚里士多德的艺术，这种理论长期存在于画坛。因为在摄影诞生之前，绘画往往是作为一项实用性较强的技术存在的，例如为达官贵族所作的肖像画。也正是因为如此，绘画长久以来独特的功能性，决定了其在很长一段时间内是以写实为主要流派的。直到 20 世纪，经济快速发展，商业化更加明显，这令其在当代的艺术领域里显得逐渐多余，形象也越来越不堪。如果缺少了观察，就算当代艺术的形式语言再丰富，它也缺少生命力，这就为具象绘画的回归提供了必然性。当代的具象艺术区别于传统写实绘画与现代艺术而独立存在，它迅速打破了抽象艺术在当代画坛的霸权，取得了历史性的突破。

20 世纪 50 年代，我国选派了大批学生前往东欧社会主义国家进行油画的学习，具象油画在中国画坛一时盛况空前。直到 20 世纪 80 年代，受到了改革开放的影响，现代主义思潮迅速涌入中国，这使具象绘画在中国受到了前所未有的冲击，很多艺术家放弃了具象转投其他艺术形式，具象油画该何去何从成了新的问题。在当代中国，科技的进步和信息的发达为艺术创作提供了更加广阔的发展空间。随着表现手法的多样化、艺术形式界限被打破、中国当代艺术家们执着探索和实践努力，中国的新具象绘画日渐表现出了多元化的特征。

二、对比具象绘画与摄影

摄影是一种新兴的、年轻的、具有艺术性的高科技技术，之所以称它为具有艺术性的技术是因为从被发明的那一刻起，它就受到了绘画这门艺术的影响，摄影师必须具备一定的艺术素养才能拍出高品质的具有艺术性的作品。摄影的发明为其他艺术形式提供了新的契机，如超写实绘画就从摄影中汲取了大量有益的养分，而摄影也从具象绘画中吸取诸如构图形式、色调调整等技法，并把它们运用到拍摄的过程中，以追求不一样的效果。随着时间的推移，摄影和绘画越来越表现出相互依存、相互借鉴、相辅相成的特点。它们既没有被对方同化掉，也没有失去自身独有的本质特征，而是变得日渐强大起来。

在艺术流派上，摄影与具象绘画相互对应，并相互渗透和交融，这在强化艺术表现力的同时，又丰富了形式的结构，拓宽了审美视野，还加深了作品的艺术内涵。具象绘画与摄影可谓是你中有我，我中有你，两者的交流不断派生出更多的艺术形式。

从艺术创作方面看，摄影的构图原则完全不能不受具象绘画艺术的影响而创作出一个自在自为的体系，它还是以具象绘画为骨架来表达摄影的精神内涵。它通过具象绘画语言表达艺术家的情感及内心世界的真实写照，并将其融入作品当中。造型语言与摄影在具象绘画作品中被充分运用，这使具象绘画拥有了一个更高的平台和一个崭新的起点。

三、对比具象绘画与抽象绘画

在中外美术的历史长河中，就绘画表现形式而言，绘画主要有两种形式，即具象写实绘画和抽象表现绘画。具象写实绘画指 20 世纪之前传统的古典写实主义，而这种写实主义在 20 世纪后则表现为具有多元化、国际化的具象形式绘画。抽象表现绘画则是人类同客观实际的疏远化导致的。具象写实绘画与抽象表现绘画是相辅相成、互相依存的。对具象绘画与抽象绘画进行对比能够使二者在艺术学者的创作中有机融合，从而进行更好的创作。

首先，在其艺术来源上，具象绘画与抽象绘画具有共同点。无论是具象写实艺术还是抽象表现艺术，它们都是来源于生活的，都是艺术家通过对生活中一些客观物象的真实感受创作出来的能够表现其情感并引起观者共鸣的作品。真正的艺术源于生活而非凭空虚构。洛佩兹的马德里系列作品就是洛佩兹在马德里求学期间对这座城市的深刻感受之作。很多人认为抽象表现绘画看起来远离生活，其实不然。毕加索的《哭泣的女人》这一立体主义作品就是画家在看到了纳粹铁蹄下陷入悲惨与不幸的妇女后有感而作的，这也是现实生活中的一部分。所以不论是什么样的艺术，它都是对现实生活的反映，具象绘画和抽象绘画也不例外。

其次，具象绘画中包含抽象因素，抽象绘画中也包含着具象因素。在一幅伟大的作品中，总是包含不同程度的具象因素和抽象因素，它们往往是互相依存的。在具象绘画中普遍存在着将现实物象进行一定程度的抽象后再表现在画面中的情况，这有助于艺术家独特性的表现和情感的发挥。而且具象绘画艺术家，特别是20世纪后的具象绘画艺术家，总是擅长跳出色彩固有的羁绊，将色彩抽象化。如洛佩兹，他就善于用简单明快的色块表现真实的场景。同样，在抽象绘画中，艺术家会通过现实的感悟，用夸张的线条以及鲜明的色彩表达情感。这种方式强化了现实生活中激情，所以它们中也必定包含具象再现性因素。如艺术家克里姆特，他受到弗洛伊德的影响，因而在绘画中采用绚丽的色彩、独特的形式以表达一种符号化的审美情绪。

洛佩兹早期绘画作品写实技巧娴熟，画风豪迈、洒脱，具有强烈的表现性。他的作品有着多元化的特征，他也学习并融汇了许多绘画大师的特色，如文艺复兴早期绘画大师的稳重，塞尚的结构与体积感，维拉斯凯兹对人物精神气质的描绘，等等。这种多元结合的特征，让洛佩兹的艺术站在了大师的肩膀之上，有着很高的起点。

洛佩兹早期作品风格倾向于"具象表现"，如《阅读的约瑟菲娜》（图3-1）。在这幅作品里，画中读书女子造型简洁概括，充满分量感，显得张力十足。画中虽然只有一个简单的场景：一位衣着打扮像古代的女子坐在一把木质椅子上看书，在她的背后是一面蓝绿色的墙。但人与墙之间的空间距离感，人物和衣服的结构以及墙上淡淡的花纹，都让人不由自主地想到塞尚对画面中空间感与体量感的处理方式。

图 3-1　　《阅读的约瑟菲娜》

　　在这段时间里完成的作品还有《看飞机的女人》(图 3-2)、《拿弹弓的男孩》(图 3-3)，等等。这些画作都反映了画家娴熟的绘画技巧。这些画作热情张扬，笔触大胆洒脱，色彩对比强烈，整张画面稳定大气，多元化的学习所带来的深厚积淀在早期作品中被淋漓尽致地表现出来。

图 3-2　　《看飞机的女人》

图 3-3　《拿弹弓的男孩》

四、洛佩兹具象绘画的切入点与表达角度

（一）身边的故事——家人生活的再创造

洛佩兹是一个关注自己身边情境的艺术家。借助于客观现实并注重主观感受，他把两者融合起来，形成了自己的绘画风格和语言。早在 1955 年，洛佩兹就已经把注意力投放在了自己的家人身上。那时，年轻的洛佩兹刚刚从圣费尔南多美术学院毕业就回到了家乡托梅略索，并开始他的创作历程。在众多画作中，《外祖父与外祖母》、《安东尼奥与卡门》在当时比较集中地反映了画家本人对于身边家人的关注，同时也正是这一系列的画作把洛佩兹本人引向了肖像画与双人肖像画的主题。

《外祖父与外祖母》（图 3-4）这幅画创作于 1955 年。这幅作品显然是画家依据一张老照片来创作的，但是画中的人物显得肃穆，沉静。轻松内敛的笔触，沉稳亲切的色彩，四分之三侧面的柔光处理，以及灵动又意味深长的眼神都透露出了整幅作品的绘画感。从整体上看，画中女子的左手轻轻地放在丈夫的右肩上，画面中心往右偏移了一些，在留出空间的左侧则有一个椅子背露了出来，这样使构图更和谐。从另一方面来看，这样的画面设计在一定程度上弱化了观众与画作在时间与空间上的距离感。

图 3-4 《外祖父与外祖母》

《安东尼奥与卡门》这幅画中的主人公就是洛佩兹的祖父母，故又名《祖父与祖母》（图 3-5）。这幅画在创作时间上比外祖父母的肖像画晚了一年，但从画面技法上，整体氛围和绘画语言上都发生了变化。在形象的选择上，《祖父与祖母》中的男女形象更加年轻，画面更自然透气，背景的处理更加统一，边缘线的处理更考究，虚实结合体积感显得更强，黑白灰三大色块的处理更明确。对两个人物嘴角的处理看似简单，实则复杂。从两人的嘴角，我们能看出隐含的幸福感，而这种幸福感含而不露，也恰恰能反映写实主义绘画的魅力。旧的记忆和从前的相片都是洛佩兹创作祖父母肖像的来源，但是怎么才能让多年前定格在相片上的亲人重新鲜活地出现在自己创作的油画画面上是个问题，也是个挑战。其实这个问题很简单，那就是作者把自己的对于亲人的情感灌注于画面中，具体来说，就是深入把握整个构图，即色调的选择和每一次落笔的肯定上。因为洛佩兹把祖父母当时的时代背景、家庭环境、心情心境带到了画中，也把自己所处时代的特点、个人的生命带到了画面中，所以这幅作品可以说用画面真正地达到了画家对身边家人生活的再创造。

图 5-9 《祖父与祖母》

在《卡门首次参加圣餐仪式》（图3-6）中，占去了画面二分之一空间的是身着雪白圣餐礼服的小姑娘——她就是洛佩兹的妹妹卡门。画面中卡门的神情懵懂中略带一丝期待，卡门整个身体都带有一种微暖的光晕，给人一种石膏的雕塑感。她头上白色蕾丝薄纱的纹路、薄纱的质感、紧致的高领、脖颈上的项链以及右手中的宗教用具全都被刻画得细致入微。背景画的正是洛佩兹的家乡托梅略索。此外，我们可以明确地看出作者选取了清晨的风景：太阳刚刚升起的天空颜色、被晨光照射到的房檐和土地与墙面的阴影，它们与未被阳光照射到的土地形成了对比，使画面色彩丰富且真实。画家对于家乡风景的热爱，使得画面中这部分风景具有了独特的艺术价值，这样它们与画面的人物都富有了同样冲击力。对风景部分的处理让整个画面的构图更为均衡。仔细观看，我们不难发现洛佩兹有意将背景的户外光线与卡门身上的室内特定光线结合起来，从而将这本不在一起的两个物体进行了糅合。画家自己创造了整个画面，画面中全是他身边的事物：自己亲爱的妹妹，天天走过并居住的街道，两位自己熟知且相识的老者，甚至还有自己青睐的家乡户外晨光与空气。这一切都为他将自己的情感融入画作提供了无限的可能。

图3-6　《卡门首次参加圣餐仪式》

　　熟悉洛佩兹后，你就会知道，为了抓住瞬息变幻的光线，就一幅画而言，他往往一天内只画上十几至二十分钟，因为光线稍纵即逝，与之相伴的是洛佩兹很长的绘画周期。在创作这幅画的过程中，画家刻意选择了清晨时分在自然户外光线下进行创作。每天起床后，洛佩兹会在半小时内捕捉随着光线变化的景物，努力地找到天空的颜色，云彩的颜色，墙面地面阴影的位置和色彩。日积月累，一个真实的托梅略索浮现在画中，也呈现在了观众眼前。

（二）私密空间中的私密行为

油画、素描、浮雕、雕塑都可以清晰地反映洛佩兹对于私密空间的兴趣，因为画家围绕着卫生间、盥洗室、浴室展开了一系列的创作。这些画作无一例外都展示了洛佩兹作为一名具象写实主义画家所具有的敏锐细致的观察能力。洛佩兹对这些作品的刻画都十分细致，但又不是简单的勾勒与描摹，所以画面的味道十足。其中《盥洗室》《洗漱池和镜子》《坐便器和窗户》《浸泡的衣服》都是这一时期的代表作。它们表现了画家本人对于自己日常朴素生活和私密空间的描绘，同时也反映出洛佩兹对于私密、空寂和时间逝去的思考。

不得不说的是，正是因为洛佩兹换了一个新的画室，所以周围的陌生感让他拥有了新的绘画素材。《洗漱池和镜子》（图3-6）是洛佩兹的代表作之一。这幅画仅仅挑选了卫生间内的一个角落。从画中，我们看到更多的是画家对于绘画技法的表现。这幅画仔细看实际是由两幅画拼接而成的，上面的梳妆镜和物品架是一幅画，下面的洗脸池是另一幅。洛佩兹喜欢对景物进行直接写生，由于卫生间内空间狭小，画家只能分别对每一部分进行绘制，然后再把他们合并到一起，这样，在画的中间产生了一道明显修补过的痕迹，而这个痕迹形成了两幅画的过渡。画家本人特意把这些都留了下来，完整真实地记录了这幅画的诞生。画面下方一块抹布的出现打破了地板与墙壁的纵横规律，画面右侧出现的浴巾，使画面显得轻松自然。它们的出现使画面人性化，同时打破了静物本身的属性。对画面中静物的刻画体现了洛佩兹独有的绘画语言，给人自然清新透亮的快感。画面本身就准确的传达了画家的精神感受和追求。

图3-6 《洗漱池和镜子》

（三）静置的室内一角

静物画对于一个具象画家来说是一种不可或缺的题材，而描绘虽静止但包含众多讯息的静物也正是洛佩兹的追求之一。静物只是静静地陈列在那里且悄无声息，但他们一旦被赋予了深刻的内涵，则会表达出生命本身的情感和价值。洛佩兹深知这一点。从《葡萄藤》到《桃子与玫瑰》，再到后来的《木瓜树》《剩饭》《剥了皮的兔子》。这一系列画作都反映了画家对于静止事物的感悟与解读。

对于《葡萄藤》（图 3-7）这幅画来说，自然光线下的葡萄藤，光鲜亮丽又树影斑驳，许多颜色、动势、气氛都稍纵即逝，它们是那么富有活力，这一切对于年轻的洛佩兹来说充满了诱惑力，可是如何准确地把握和捕捉并将其呈现在画布上则是一个不折不扣的难题。通过分析光线的特点，总结和归纳各种色彩，以及推敲造型，洛佩兹似乎给出了自己的答案。此画作不自觉地呈现出了罗马绘画的影子，从而使一种 18 世纪出土的古庞贝风格跃然纸上。从用色和构图上，我们也不难看出保罗·塞尚的影子。这幅画可以说是洛佩兹静物画作的一个里程碑。

图 3-7 《葡萄藤》

对于木瓜树（一种像梨树的植物），洛佩兹最熟悉不过了，这种象征爱情、生育和忠诚的植物就生长在自己的院子里。1961 年的这幅《木瓜树》（图 3-8）和谐而统一，光线柔和，这是因为画家把作画时间选在了晚上，用一种人为的灯光营造出相对稳定的作画环境。没有了自然光线不断更迭的影响，这幅画显得更为深入。这幅作品为分析和学习洛佩兹风格技巧的绘画爱好者提供了很好的素材，它展现了把静物灵动化，用绘画传递情感的技巧。所以在 1992 年，电视台以纪录片的形式见证了另一幅《木瓜树》的诞生。在整个盛果期，洛佩兹每天都待在户外，孜孜不倦地对木瓜树进行揣摩研究。从制作画框，绷亚麻布，到观察视角的选择，两脚位置的定位，构图的测量和绘制，打稿上色，与家人亲朋对于这幅画的交流，甚至为了尽可能地保持作画环境不变，给树搭的防雨棚都被记录下来。洛佩兹想在这幅画上表现阳光照耀下的果树，他说自己从来没有表现过这样的主题。但事与愿违的是，在创作过程中，他每天的作画时间只有早上阳光照射在树上的几个小时，而时间的不足导致果实坠地时这幅画也没有完成。

图 3-8　《木瓜树》

《剩饭》（图 3-9）是一幅继承了西班牙传统的绘画，它将静物和日常的生活融为了一体。大小餐盘布满画面，餐具被凌乱地摆放在一边，吃剩的骨架和空贝壳堆放在盘中，这一切都是对生活的再现。虽然这是一幅黑白的炭笔画，但是简单的碳铅却让观众看到了日常生活的梦幻感，使观者站在了第三视角来审视自己所经历但不经意的场景。

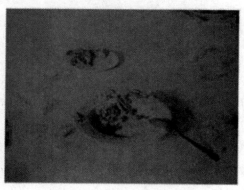

图 3-9　《剩饭》

《剥了皮的兔子》（图 3-10）将生命的终结和无限联系在了一起，让人直面血肉与死亡。同时这又是一种传统的主题。

该画作刻画了桌子上玻璃盘中一只被剥了皮的兔子和残留在动物的尸体上、盘中和桌子上的血迹。该画作的背景采用了冷灰色调，这与斑驳的桌面分割开来。此画作构图简洁明快，主体位于画面中线偏左的位置，毫不遮掩地突出了画面重心。一种时间静止的感觉在画面上生成了，观者因此会不由自主地陷入对生与死的思考。一只小的剥皮动物足以让人陷入沉思，这是洛佩兹参考了伦勃朗与维拉斯凯兹画作的结果。静置的物体，诠释了无限的可能，引发了人们的哲思也凝固了时间的流逝。

图 3-10 《剥了皮的兔子》

第二节 超现实主义

毕业一年后，洛佩兹的画风开始慢慢转向"超现实主义"。这种风格的迅速转变并不是为了迎合当时的艺术潮流，而是为了更好地服务于他对世界的理解。

这个时期，画中的人或物似乎都在空中飘浮，它们都被从原本应该所处的位置剥离出来，并被重新置于一种在现实中不存在的环境之中。在这个风格时期，洛佩兹对如何主观地表现物像产生了极强的兴趣，这份兴趣促使他画了一批具有超现实风格的作品，然而，他也发现这种主观表现脱离了对物象本身的表现范畴。最终，他渐渐地抛弃了这种带有强烈主观情感、具有超现实色彩的表现方式，又回到了真实地描绘现实世界的具象写实风格。此后，洛佩兹这种细腻而又含蓄的写实具象风格一直保持至今。

一、打乱时空秩序

洛佩兹 1958 年创作的《时钟》《厨房》都有具象表现的影子在其中，但他那时追求的是画面的神秘感和怪诞感。这两幅画的画面都明显有拼贴艺术的成分。在《厨房》（图 3-11）中，左边的厨柜完全倾斜，其边缘给人一种撕裂后的残缺感，就像从其他地方剪下拼贴上的。此外，背景墙的错位，悬空的人物，飘浮的茶杯、水壶和一些色块都非常明显地让人感觉到这是一种"拼贴"。这种非现实的重组和叙述手法是画家受到了当时立体主义新艺术的创作形式和观念的影响的产物。

其次，画面是打破空间秩序的人物影像，这些人物影像被安排在了画面上，却没有一个"落脚点"，这种画面就好像相片曝光所形成的独特效果。此外，隐秘、深邃、幽暗的街道也营造出了一种神秘的感觉，时间空间的秩序再一次被打破。洛佩兹的这些作品给人一种做梦的感觉，就像做梦时，所有的东西都是不按常理出牌，同一个时间可能出现不同的空间。梦中的东西会飘浮在空中，而人的影像模糊不清，想看透却什么都看不清，一切都变幻莫测。洛佩兹就像个造梦者，而欣赏的人就都是在做梦。

图 3-11 《厨房》

二、创造超现实空间

洛佩兹画的结构也很有意思，深邃的街景和走廊都是他热爱的背景，如《餐具柜》《死去的女孩》《灵魂》《灯》都是这些背景。

三、超现实回忆与现实生活的巧合

洛佩兹的画并不是单纯地利用前两种手段去营造超现实的感觉，在内容上面他也加上了自己对回忆、想象的刻画，这使作品具有思想和温情。

第三节 自然的启示

洛佩兹许多作品的背景都是马德里和托梅略索的老街道。他之所以描绘这些，首先是因为他对这些城市有着非常深的情感，他的半生都是在这些地方来去去。其次是因为这些东西的怀旧感、质朴感吸引了洛佩兹。他总是能看到一些最不起眼最生活化的东西，他所描绘的作品不会给人一种浮夸、躁动的感觉，恰恰相反的是，会给人一种宁静、亲切之感。

在洛佩兹的画面中，我们可以找到许多有怀旧意味的物品，这些物品多次出现在他的作品中，如烛台、报纸、花、独有的西班牙花纹，等等。这些物品都寄托了洛佩兹的心思以及回忆。在《死去的女孩》（图 3-12）这件作品中，洛佩兹将一个面色苍白的死去的孩子放置于棺材中（棺材上的图案在洛佩兹的许多画中可以见到，这是西班牙传统的一种图案，经常在瓷砖、装饰中可见）。《时钟》《厨房》两件作品也都绘有着西班牙独有的花纹，之后，洛佩兹还创作了《吊灯》《玛丽在大使街》等作品。这几幅超现实主义绘画作品都有着几个共同点：都有飘浮的物体，如盘子、花瓶、蜡烛、杯子等。这些作品打破了重力学，悬空于画面中，给人一种非真实的视觉感。

图 3-12 《死去的女孩》

第四节 反映"真实"世界

一、历史留存的老照片，取材之再创造

在动笔创作油画之前，首先要做的是取材。文艺复兴时期的油画艺术家们有意识地把科学研究的成果如透视学、解剖学等知识用于绘画，从而在二维的平面上表现出三维的空间效果。因为时间、光线、事物本身存在变化，所以绘画过程很难一步到位，创作者往往需要花费很长时间去完成一幅完整的作品。洛佩兹后期的作品就是如此。由于光线、时间、事物都在运动变化之中，所以他常常用一年甚至几年才能完成一幅作品，但是他享受这个过程，他认为用肉眼去观察绘画对象是最好的观察方法。在超现实主义时期，他就加上了自己的想象与回忆，他将许多不同空间时间的东西拼接在一起，创作出了新的效果。对于一位创作者来说，这必须有良好的综合性能力，需要将内心所想，肉眼所见的东西结合在一起，再用绘画技能将其表达出来。随着时代的发展，科技的进步，许多图像处理的软件出现了，这些软件可以将不同图片拼接在一起，可以调整画面的色调，去掉或添加画面中的物品。

二、笔触与刮刀，增加现实的戏剧性效果

刮刀是探索画法研究的重点之一。本着他遵循一贯的方法，洛佩兹在作画过程中先用笔铺大色块，用深色铺出暗部和内在的细节。接下来，运用刮刀技巧完成整幅作品。在刮刀描绘部分，首先要用平刮，让刮刀垂直于布面，出现凹凸的肌理；平刮的笔触随着手部用力而变化，反复使用，这样会使笔触较为平整，特别适合表现旧物，比如墙面、古城墙被雨水冲刷后的表层。这种技法既能保持墙面的平整性，又能表现出墙面历经风雨的历史感，即使前期铺大色块时，它也经常被用的。

在创作初期铺大色时，需要用平刮将画面上的色块区分出来，这时它的笔触较为平整，但是有一种厚重感。以《死去的女孩》这幅作品为例。画面中有一面石灰粉刷的墙面，由于雨水及其他作用，墙面已经剥落，变得斑驳老旧，墙面上有好像被烟熏之后留下的黑色粉尘、锈迹和霉溃。这些都是在创作墙体的过程中留下的明显的刮刀上色的痕迹。在创作老墙面的肌理效果时，洛佩兹用刮刀进行反复涂刮。因此，这面墙是有层次感的，就像随着时间老化而反复翻新的城市墙体。

不同的刮刀用法会产生不同的笔触，使得物品变得生动。画面中砖块的高光，后面鼓楼立柱的高光还有些需要细微笔触的地方，都使用了侧点。

当然，刮刀只是显示画面效果的一部分，同时需要有媒介材料的配合。之前所说的再创造是用现代电脑技术改变原有的相片资料，然而做出真正想要的效果还是需要绘画，而这需要更难的技巧与表现力，所以干与湿相结合的技巧，也是画家所表现超现实效果采用的方法之一。使用另一种特殊方法，或换一样材料工具，就会产生更加有趣的效果。例如用牙刷来表现出下雪时的情景。手指与牙刷接触的弹力大小控制雪花的大小，并且接触的方向也是决定雪花成功与否的关键，弄不好会形成非常大的斑点，根本不像雪花。这种技巧需要反复练习，牙刷的湿润程度，用力的方向，手指的弹力都是关键所在。这种笔触与刮刀的结合使产生的画面给人一种沧桑怀旧的历史感，同时会产生一种戏剧感。

在油画学习研究过程中，尝试一些新的油画笔法和刮刀技法可以让学习者真正体会到西方绘画艺术的多元性和当代性。

第四章　洛佩兹写实品格的体现

第一节　写实语言与图像文化

从 20 世纪 60 年代中后期开始，洛佩兹的画风渐渐含蓄内敛，而他之前表达画面常用的方式和语言被逐步舍弃，画中充满幻想的成分慢慢消失。

洛佩兹对平凡的生活能够进行更加深入的剖析。通过深入细致的观察，他娴熟地操控油彩，从而能够在画面上自由地表达光与色的魅力。洛佩兹提炼纯化了绘画语言，精准表达了真实世界。

观看自然源于洛佩兹的叔叔对他的教诲，这使他洞察到了自然的美学观是主客合一、心物一体的。画家需要在直观感知对象的过程中完成画面的统一及整体的贯通。对比浮光掠影的实验性作品，他的探索是深刻的，是源于对自然的感知。而这和他的学习过程有极大的关联。从 12 岁开始，洛佩兹便一直临摹大师的素描。1949 年 6 月，洛佩兹的叔叔安东尼奥·洛佩兹·托雷斯开始指导他，并让他通过绘制生活中的对象来学习。他为洛佩兹布置了第一个静物：一个质朴的小木桌，边缘覆盖着一块白布，木桌上方布置了一个陶罐、一个切开的洋葱，以及一个撕掉一部分的大面包。洛佩兹坐在距离对象非常近的一个低矮的椅子上，这时的他开始捕捉对象的轮廓，努力地表现对象的质感、比例、明暗对比、阴影等关系，干净的纸上慢慢浮现出了粗糙的粉墙以及木桌和桌上的陶罐与食物。在整个过程中叔叔给予了评论及指导，但是大部分时间留下他独自面对静物。叔叔要求他尽可能地通过观察来描绘。13 岁的洛佩兹不知疲倦地大约连续绘制了二十天，终于完成了作品《陶罐和面包》（图 4-1）。虽然他自己说，在开始的阶段，他感到极大的挫折与不适应，因为对比之前他所临摹的作品，这张作品显得僵硬而虚弱，但是作品展现出他的不凡才华。作为他的第一个写生作品，这张作品体现了他对对象敏锐的观察力与表现力。这标志着他开始从现实生活中写生并创作。他渴望与具有启示性的对象会面，并尽可能减少分散注意力的因素，以建立自己与对象对话的独特方式，这种方式正是源于叔叔的教导。

图 4-1 《陶罐和面包》

洛佩兹叔叔的创作方式对他有极大的影响，他常常看叔叔面对自然写生，并惊奇于那些形象在画面中的呈现过程。这种神秘的绘画语言使他感动，他直觉地感受到这种感知的能量，并被这种神奇的转移能力所撼动。叔叔轻快地移动画笔，并精确肯定地表现对象，那种专注、敏感及充满活力的创作方式成了他日后重要的借鉴与参照。13 岁那年，洛佩兹离开故乡到马德里参加圣斐尔南多皇家美术学院的入学考试。由于入学考试相当困难，一般考生都会先到卡森·斯·布恩·雷蒂罗（艺术复制品博物馆）准备入学考试。这是今天的普拉多博物馆建筑中的一部分，但在当时，它被用来存放普拉多博物馆的艺术复制品。学生通过石奢临摹练习，以达到必要的艺术水平和流畅性。

与这些学生不同，当准备入学考试时，他要求叔叔将这张维纳斯素描带到马德里，他用别针将这张作品别在自己的素描旁边。这样，叔叔的作品就成为自己作品的参照，自己的作品虽然正确且精致工整，但沉闷与空洞，而叔叔似乎达到了一种极高的高度。光笼罩在梦幻般的躯体上，如同上帝神秘的恩典充满了无可名状的美感。这时，洛佩兹第一次感觉到只有正确的主题是不够的，他突然发现表达情绪的能力的重要性。艺术家首先必须感觉，而这和技能及准确性是截然不同的，有了感觉才能用自己的方式复制自己的真实世界。多年来，叔叔是洛佩兹的偶像，叔叔的那些作品有艺术的真与美以及某种特殊的独创性，这种纯粹且自然的特性源于艺术家最深刻的敏感性，他们精湛的技术表达可见的一切外在世界。

他在马德里圣斐南度美术学院接受的是传统的训练方式，这种教学模式的第一个步骤是先临摹早期大师的杰作和素描，然后进行三维石膏模型的描绘，进而描绘生活中的对象。在某些前卫艺术盛行的国家，这种规范化的人才培养模式逐渐被摒弃，越来越倾向于不寻常的材料和技术的教学实践。这种教学模式造成学生基础能力的丧失，先锋艺术标榜"新"，但这种现代化，抛弃了源于生活的创作方式，并使传统的技能逐渐丢失。

库尔贝在1855年第一次使用"现实主义"这个名称。20世纪很多艺术家在世界各地仍然坚持着这种源于生活的创作方式。例如20世纪初意大利的现实主义，英国的伦敦画派，美国战后乡土派中的葛兰特·伍德、查尔斯·谢勒等。这些画家继承了传统的写实技法，并开创了具有个人特色的艺术风格。

洛佩兹和圣斐尔南多皇家美术学院的朋友，包括他后来的妻子玛丽亚·莫雷诺、胡里奥·洛佩兹·埃尔南德斯、弗朗切斯科·洛佩兹、埃斯佩兰·萨帕拉达、伊莎贝尔·昆塔尼拉、阿马利亚·阿维亚等共同组成了"马德里现实主义"小组。这个小组是现实主义的追随者，他们共同的理念是通过写实的方式表达日常生活中的事物。和顽固的现实主义不同，他们的特征是没有教条和规则，并且没有任何先入为主的观念，实行的是很"干净"的现实主义。虽然这群朋友中的卢西奥·穆尼奥斯和恩里克·格兰后来投入抽象绘画的阵营，但是他们所建立的友谊并没有因为这个原因而中断。这个小组建立的时期，是20世纪50年代，而20世纪50年代是西班牙非定形艺术非常兴盛的时期，前卫运动在这个时期迅速发展，并获得了国际的认可。在这十年里，塔皮埃斯亦建立了自己的国际声誉，大多数的年轻西班牙艺术家也在这十年里，脱离了形象化的现实主义语言。而洛佩兹仍然坚守现实主义的阵营，弗朗切斯科·卡尔沃·塞拉列尔形容洛佩兹对艺术的承诺类似一种"天职"，"天职"起源于拉丁文动词"vocare"，它的意思是"召唤"。洛佩兹踏上了这条路并响应对象的召唤，他曾说他在做的工作是从"复制事物"到"试图理解事物"之间的一个过渡性的步骤。洛佩兹的现实主义和前一个时代的索拉纳或苏洛阿加的"黑色西班牙"不同，他并非只是单纯地复兴前代大师的美学信仰，更不是单纯地复兴学院派风格。他的现实主义并非单纯的复制，亦并非单纯地机械地抄录外在世界，也不是一丝不苟的技术或技巧。在一次采访中，他说明了自己对技艺的看法，对他而言，只有技术的艺术是不够的，最重要的是艺术家要说些什么，即表达些什么样的内容。他指出，每个艺术家都应该凭本能建立自己特殊的视觉艺术语汇，因为对象能唤醒艺术家个人最大的感受强度，艺术家画画是要传达某种情感。弗朗切斯卡·卡尔沃·塞拉列尔曾说明复制和理解之间的差异，情感或无情感的差异，其在洛佩兹的职业发展中至关重要，因为事实证明，这远比一个艺术家选择采用一种艺术风格或另一个风格的差异更重要，洛佩兹的表现手法并不是形式主义，也不是一种简单的技巧炫耀。他认为艺术品除了技能外，还需有某种激动人心的火花。对于洛佩兹而言，这种火花源于个人强烈的情感与知觉，因为它感受并揭示出事物的内核，即事物隐藏的一面。因此，洛佩兹的创作方法是基本上不离开感觉的观看，并绘制生活中的事物，他坚持最重要的是自我内在所发生的一切，那是关于表达情感的能力，是一种能量，这种能量来源于画家与事物情感交流的过程。

翻开写实绘画的历史，希腊时期柏拉图认为绘画是模仿，而画家模仿的事物等同于"摹本的摹本"，这和真实的事物隔了三层，因此这种模仿对他而言是等级最低的，亦是虚幻的。亚里士多德与柏拉图的模仿说则不同，亚里士多德肯定模仿所具有的创造功能，他认为模仿的事物比其本身更美，并肯定了模仿的积极特点，对他而言模仿是模仿事物的普遍性和必然性，而非只是对外在形象的单纯模仿。到了文艺复兴时期，为了追求逼真的再现现实，各种科学方法的研究实现了艺术创造镜像世界的理想。而库尔贝的"现实主义"则反对早期的模仿方式，因为早期的模仿大部分基于宗教、神话或者对宫廷贵族的描写，因此大部分的画家先组织架构一个理想的形式，然后才开始寻找摹写的对象，并且尽可能地将对象理想化。这种真实是一种选择性的模仿，即选择性的真实，是对于理想化概念的现实模仿。在某些早期的创作中，艺术家亦选择性地描绘美好的事物，并确定哪些事物适合被描绘。通过这种美学标准，艺术家产生了美丽的作品，而这种伪真实的美学标准是令人怀疑的。

17世纪，卡拉瓦乔使用真实的模特儿并真实地描写他们，这和里韦拉那充满真实感的受苦基督是相同的，而这种世俗化的表现创建了一个新的艺术概念，亦即直接而真实地表现现实的艺术方式，这种艺术方式后来在维拉斯凯兹、戈雅、康斯坦布尔、维米尔等画家的作品中延续，并成为当代现实主义艺术的基石。艺术家未来是否能沿着这条道路前进，而不需创造其他新的方向，或者是求助于一个更高的力量？关于这点，现实主义画家让·巴蒂斯特·西梅翁·夏尔丹认为绘画是拷贝，这是精确的事实，或者换句话说，画作必须是类似自然的，现实首先迫使我们通过理解认识它，现实只呈现形式真实是任何人伸手可及的。在这些早期的例子中，除了卡拉瓦乔和他的追随者，有一些艺术家如弗兰斯·哈尔斯、伦勃朗、维拉斯凯兹、维米尔等人也都达到了动人的真实性，库尔贝更把它发挥到了极致。在此之前，阿尔贝蒂对绘画的规范是要求绘画必须有叙述性，即故事性及情节性。而库尔贝只描绘那些最平凡的生活内容，例如《采石工人》《筛麦的女人》。他善于发现平凡事物的朴实美，并用最严谨的艺术性处理使它们变得更具艺术价值。因为不再需要依附在任何的故事情节之中，艺术就会表现得更为自由，而这些看似平凡无奇的日常对象，在不同画家的作品中显出了不同的格调。在当代，许多艺术家仍然坚持着描绘日常生活中的对象，例如威尔汉姆·哈莫修依、梅丽迪斯·弗兰普顿、爱德华·霍珀、莫兰迪、巴尔蒂斯、贾科梅蒂等。他们的具象绘画风格各异，但是和标榜"新"的艺术的最大不同点在于他们的绘画态度更倾向于在对客体的描绘中得出一种特殊的风貌。他们不标榜风格，但是由于每个艺术家的观看角度的不同及个性的不同，对物象的感觉亦有所不同，因此风格自然不同。对洛佩兹而言，远离主观的态度是他本质上的工作，客观性和观察能力孕育了他的画风，这种主观的回缩使无限丰富的客观更加明显。洛佩兹一丝不苟地努力追寻，寻找事物的真相，并努力体现这个真理的存在。他用视觉去理解事物，用感觉来体现事物的内在真实，这种真实表现为艺术家眼中的真实。

哈莫修依的作品《斯特兰格德大街30号，室内》（图4-2）和洛佩兹的《画室的三扇房门》（图4-3）有许多相同的特点：前景都是大片的空间，哈莫修依的作品中是空旷的餐厅，只有一张孤单的深色木椅静静地靠在墙边，墙上则装饰了微型的木框小画；在洛佩兹的作品中，前景是工作室两侧凌乱摆放的各式各样的东西，空间的中间是光秃秃的地面及白墙，墙面延伸至上方空荡荡的天花板，中景有三个排列整齐的门，中央的门和左边的门是开放的，而右边的门则是关闭的。中央的门通向浴室，一阵猛烈的光打在浴室的窗户上。左边的第一道门也是打开的，黑暗的窗户说明了这是一个夜间的场景。而第三个门则是关闭的。而哈莫修依的《斯特兰格德大街30号，室内》中正中央的白色房门打开着，穿过中间的房间可以瞥见尽头的窗户，在那里，阳光从窗户照射进来，照亮了黑暗的中景，前景右方有一扇开启的白色房门，它将视者的感知导向未知的空间。而中景的阴影中背对观者的伊达，制造了一种更加神秘的气息。这张画是光线和阴影组成的宁静的幻境，它和洛佩兹的《画室的三扇房门》中相同的是门所制造的空间幻象。在洛佩兹的作品中，第一个门后的房间堆积着杂物，第二个门后的房间是一个厕所，第三个门则是关闭的白色的门。这些房间体现为一系列的白，白色的墙与白色的门，唯有地板是灰调的，画面中的阴影和躲在阴暗中的房间显现为未知的遮蔽状态。弗朗切斯卡·卡尔沃·萨莱拉认为洛佩兹在前景中设置了一个强大的光源，因此他能表现那些最微小的细节，例如那脏乱磨损的地板，墙面的污渍与裸露的电线，以及破旧的家具与随意叠放的书本与纸张。洛佩兹和哈莫修依在他们的画作中都利用开启的门来表现这种空间的复杂性及深度。这些门不只是空间延伸的工具，更是导向未知与神秘的元素，这些门后方的阴影，是制造幻觉的元素，洛佩兹和哈莫修依利用他们表现画面的神秘感。

图 4-2　哈莫修依《斯特兰格德人街 30 号，室内》

图 4-3　洛佩兹　《画室的三扇房门》

第二节　写实技术与艺术的实验性

约翰·伯格指出绘画作品可以展现对象被观看的方式，但是绝大部分艺术作品的内容是为了购买者的观看，即购买者的视觉享受。因此，创作者的观看亦成了有目的性的观看。观看方式决定了画家阐释对象的方式，而越具表现力的作品，越容易让观者深入其中，并分享艺术家所曾拥有的视觉经验。那些只是为了取悦买家的作品，缺乏对世界的洞察力，他们用带着一种功利的态度审视对象，并且过度主观地取舍对象。此种观看方式使对象丧失了客观的美感，相较而言，非功利的观看方式较能接近对象。洛佩兹采用的是客观的观看方式，其实不同的艺术家会有不同的视线，即使是同样的时间与地点，艺术家也会因为生活背景与个性差异影响其观察的结果。

窗户是洛佩兹所喜爱的一个主题，这个主题的观看方式是透过矩形的窗户框定了局部的世界。窗户截取了一道框定的片段风景，而这种框定具有强化观察对象的效果。此时，观者是隐身在暗处的窥视者，窗户制造了一种距离的美感，这种距离使对象保持在一种可见与不可见之间的神秘性。洛佩兹使用明暗对比和虚实对比的表现手法，将观者的视线引向室外。为了再现自然赋予他的强烈感受，亦即对象使他魂牵梦萦的一刻，他必须回到特定的时刻，回归特定的视觉经验，并努力将当初的感动保留下来，通过视觉感受转化为形式与色彩。洛佩兹向我们呈现了一个事实，那就是透过真诚的观看，使对象世界得到升华与超越的过程。

　　大自然的光影变化莫测，建筑群远看如同海市蜃楼。只要光线稍微改变，那些神秘的都市丛林和那些由密密麻麻的小方格所构成的建筑群就会有戏剧性的变化。其捉摸不定的光影是如此神秘且瞬息万变，而生活亦充满了神秘的变数与变迁。要挖掘并捕捉这些动人的生命片刻，唯有献出自己心灵。凝神观察可以产生一种强大的力量，一种深层的意念的力量，使画家在眼、手、心协同的过程中把握住流变中不变的强大精神力量。1966年以后，洛佩兹的创作完全来自对现实的观察，他观察日常环境中熟悉且使他感动的事物，并且以一种不断去主观化及去个性化的方式创作。这种方式和道家的"虚静"方式是相近的。"虚静"是一种超越原有的自我的方式，它使自己从原有的僵化习惯中跳脱出来，尽量放空自己的一切意识，以达到"空无"的状态，因为唯有在"空无"的状态下，创作者才能有海纳百川的能量与胸怀。只有处在放空的"虚静"状态，创作者才能对纯粹地观看创作对象。这种观看方式能在不经意间得到瞬间的超越，这种方式是一种以心去"遇"的方式，即不刻意追求，却在不期然中相遇的审美关照方式。只有用心灵，即以忘我的方式，去体悟作为灵性存在的物象才能达到使主客体在精神上相融之境界。此外，"虚静"是一种"坐忘"和"凝神"的心理状态，处在这种状态下的艺术家以极度专一的凝神关照与物往来，而这种专一与精诚的心态正是接近物的不二法门。

　　早期的画家对时间的流变性及物的流动性和变异性不甚关注，他们的作品较多的是表现定格于单一时空中的对象。关于事物在时间的变化中如何被我们感知和事物如何被画家观察这类问题，我们可以从塞尚的观察方式开始探讨。梅洛·庞蒂认为塞尚是利用动态的观看方式，将所见的视觉形式化的见证者。改变了古典观看方式的塞尚在其作品中并非采用焦点透视的表现方式，也并非只用概念化的方式处理视觉对象。他的作品不是像古典那样逼真再现绘画对象的作品，他的画面结构并不强调肌理感，画面中的光线亦不强烈。在他的画中，所有的形式因素都服从于画面的需求。塞尚的作品让我们了解到他是如何带着画面性去观察，而不是带着传统的认识方法去观察世界的。罗杰·弗莱解释说塞尚谨慎地处理轮廓线的原因在于他的创作方式和印象派的观察方式不同。塞尚的创作是一个知觉的动态过程，而轮廓线和人类感官中的触觉经验有关，所以塞尚总是不停地勾勒轮廓线，就像不断地轻抚着那些对象一般，并在一次次的观察中重复确认他们的存在。弗莱说明了塞尚在创作过程中完成了他的形式分析工作，即在观察的过程中完成了画面线条和色彩的形式构成分析。塞尚尊崇自然，他似乎并不是一个单纯的模仿者，他的理想是创造与自然平行的绘画世界。

洛佩兹和塞尚的相同点在于他们的观察方式，即他们的观察方式都是一个知觉的动态过程。这种长期面对自然的写生方式是在流变的时间中寻找永恒理想的创作方式。他在绘画的过程中只保留了基本的结构，留下了无数铅笔的痕迹，同时亦减少绘画技巧的过度表现，从而使作品更具灵性。

洛佩兹说他坚持画木瓜树，是因为当看着它们的时候，水果的香气、树荫的恩典、对这种生命力的敬仰之情，都触动了他所有的感觉神经。木瓜树的生命力、形式美与果实的美味、香气强化了画家的感知。洛佩兹通过长时间的等待成就了自己的形式语言。梅洛·庞蒂认为创作过程中的感性知觉，是破除知性遮蔽的不二法门，他强调知觉是艺术家认识世界的根本，身体及知觉在创作过程中扮演整合画面的角色。在绘画过程中，并非一开始便用客观主义的方式，给对象一个理性的判断与结论。他崇尚感知的过程，并认为只有这种过程才能开发对象的感性与神秘。梅洛·庞蒂强调身体主体性的地位，更强调艺术家的身体经验。对他而言，身体是意识与外在事物沟通的渠道，而知觉是人的先验结构，身体和精神都是知觉的主体，梅洛·庞蒂认为知觉与世界的联系是人类世界伊始便已存在，而主体与世界的关系是混同且不可分割的整体。梅洛·庞蒂强调知觉经验的创作过程，即对艺术家感受的重视。在观看的过程中，观看的个体与可见世界成为一种交织的状态。

通过视觉观察对象，洛佩兹发现了蕴藏在对象表层下神秘的真实。他通过长时间的视觉观察来把握对象永恒的生命，并真诚地感悟对象的内在真实，用视觉和对象交流，并不断舍弃自己的成见，换取对象的显现。这种方式是回到对象本身的方式，即回到一种最纯粹的生命体悟。他并非带着一种风格去观看，而是在观看的过程中自然得出审美形态。他尝试在画面中抓住流变的对象，故而一遍又一遍地重复观看，以捕捉那不断变化的对象。对这种创造过程的体验是神秘的，因为对象的流变性产生一种未知性。就像在生命之流中探险一般，绘画在此成为一种神秘的生命体验过程，画家在此过程中体验对象生命的奥妙并实现了自己与对象的永恒性。

第三节　写实精神与符号资源

在洛佩兹大学期间，虽然世界有非常多的潮流艺术，但这种传统具象写实的绘画艺术在欧洲仍然占有一席之地。洛佩兹作品的最可贵之处是他对传统具象写实绘画的继承与创新。他学习周围艺术家的优点，并且把自己的情感不断地投入画面中，从而与周围事物进行心与心的沟通，从而使得画面真切感人。他的艺术风貌既有传统性又有现代性，既不脱离时代，又寻找到了一种新的平衡。代表作品《洗漱池和镜子》和《坐便器和窗户》是洛佩兹描绘马德里新家的卫生间的作品。

一、传统写实

以现实主义艺术观念为创作依据是传统写实绘画的主要判断依据。它又分为两个层面。一个层面是表现出作品与客观想象的酷似，生动准确地表现出眼睛看到的客观物象。当然，从画面形式上来说，以古典主义为例，就是利用人们的怀古情绪给某些题材内容加上超我状态的古典主义审美情趣。另一个层面是通过画面的思想性上，体现画家对现实生活的看法和意识形态。可以说在现代派推进他们的各种新观念和新样式时，传统写实绘画由于其具象化和形象化，仍然有着它的地位。20世纪的现实主义画家在借鉴古典绘画的造型能力的同时，又借鉴印象派绘画的色彩，以便对其当代的生活进行生动描绘。

二、现代写实

现代写实是现代之后兴起的新具像绘画的一种形式。它的表现内容和观念趋向多元化，画面样式也体现多样化。它的基础思想是在技巧上深入学习古典写实油画的传统，其中也包括对传统绘画样式的模仿和发展，其核心是表现新的绘画观念。同时，各种绘画语言和观念都成为现代写实绘画所汲取的营养成分。笔者在这里要强调的是注重观念并不代表回避对现实社会的思考，人性的思考往往在其社会中的行为上体现出来，它仍然有着人类无法脱离的社会意识。

三、现代照相写实

在20世纪60年代后期，美国的现代照相写实绘画广泛兴起。照相写实主义画家利用传统写实技巧把照片艺术性地复制到画布上来。它利用20世纪后期迅速流行的数码摄影显现技术，力图在效果上胜过照片，从而显得更加真实。因此，它不仅要求画家能够对照片所有的细节进行准确绘制，而且改变了人们印象中的常规尺度，把绘制的对象扩大到原形体的 5 至 10 倍。也就是说，它展现了被人们所忽视的现象，并且提出以照片为客观形象来重新解释那些被我们忽视的客观现实。因此他能让观众从视觉出发，切实体验到形象的每个局部。并且，照相写实主义以后现代理论中的距离论观念为其哲学上的理论依据。这种观念认为以往任何写实绘画都是含有作者的主观意识的和主观情感的，不可能去除主观因素，所以，它反映的是一种人文的现实，不具有真正反映则客观世界的公正性。而用照相机来观察和反映不含主观感情，且能为广大群众所接受。

因此，照相写实主义的作品提倡纯粹的客观态度，排除了不客观的主观因素。从绘画语言上来看，照相写实主义也有对绘画语言的推进。照相机的作用就是让时光停留于一瞬间，一切运动的都凝固在画面中，包括光与色彩都停驻下来，产生一种特殊的美感。而且画面中的形象带有一种冷静、疏离之感，这种特殊的心理效果能够表现出现代社会中人们之间的冷漠、心灵距离，从此使写实绘画找到一条新的道路。照相写实主义的代表人物有美国的克洛斯和佩尔斯坦。

综上所述，照相写实主义画家虽然在模拟照片，但在放大现象的同时把构图、空间、色彩等画面的形式语言在视觉上重新组织起来，因此，可以说，照相写实主义绘画并不是单纯的放大照片。画家仍然有着自己的创作构想与理念。

传统具象写实手法是洛佩兹所追求的。但是，洛佩兹的创作不仅限于此。随着洛佩兹绘画风格的逐渐成熟、对周围事物感情投入的逐渐加深和分析的逐渐透彻，其作品在表现上与精神上实现了完美的结合。例如，代表作品《托梅略索的房间》，如摄影家特写一般用素描的方式进行构图，从而成功地传达出自己内心伤感、孤寂的情绪。他的作品让人有一种身临其境的错觉。

洛佩兹的艺术表现手法多古典写实成分，创作题材也大多来源于自己身边的事物。通过反复的观察，洛佩兹把自己对对象的思考与平凡的生活细节融入了画面之中，从而让城市、事物真实地呈现在作品中。通过作品的表面，我们仿佛能感觉到、摸得到、看得到实物。在《从瓦莱卡斯消防塔眺望马德里》《卫生间》《格兰维亚大街》《洗漱池和镜子》《从马里乔萨峰看马德里以北》《浴室的门》等作品中，洛佩兹花费大量时间反复琢磨和修改，就是为了营造恒定、持久、充满诗意的美感，进而清楚地展现对象的存在本质。

第五章 洛佩兹绘画空间艺术

第一节 绘画空间的建构

一、绘画空间的含义概述

广义的绘画空间指人的空间观念，即是以自我中心对物体的长宽高三维形式及其距离的认知形式。空间的表现是多维性的，线为一维空间，面是二维空间，体称三维空间。在分析画面的过程中，含有时态和深度空间内容的空间称为四维空间。空间艺术最早始于德国，由德国文艺理论家莱辛最早提出。一般来说，我们的空间观念建立于视觉、触觉及运动觉中，这些感觉性认知的性质有所差异。画面空间的探索是对一幅画完整的视觉区域形势分析以及二维平面的深度思考。纵观美术史，绘画空间都是艺术家颇为关注的焦点，从文艺复兴到现代主义的作品中，都不难发现在画面空间上的探索（如图 5-1、图 5-2）。画面空间的基本呈现来源于艺术家对客观事物的观察，也就是说观察结果通过创作转换为绘画空间。

图 5-1 《鞭打耶稣》

图 5-2 《亚威农少女》

绘画的空间艺术是艺术呈现过程中的本质问题，同时也是审美过程中的出发点。真正的大师做到了属于自己的空间语言的表现方式。除了对于客观真实空间的描绘和三维立体感的呈现，艺术家看到或理解到的是通过独特的思维方式获取的"虚幻的"而非绝对的真实空间，这也是反映艺术家对于本质性问题的认识状态。在选择和描绘生动的、被人感知的空间时，这种选择结果必然是某一特定时刻存在于主体与它的环境之间的诸种关系的产物，所以无论从哪个方面接近空间，它看上去都是多重的、复杂的，没有单一的感官知觉空间，只有多重感官知觉空间。

"空间"一词是洛佩兹作品中一个关键的考虑因素。在空间形式的表现上，洛佩兹基本上延续了传统绘画的构成方式以及塞尚之后的现代主义因素。然而，苏珊·朗格认为一幅画是一个完整的视觉区域。它的第一个作用便是创造一个独立的、内容齐备的感性空间，这个空间就像我们举目眺望的现实世界。一幅画可能只再现一件物品，也可以画没有任何现实意义的纯粹的装饰形式，但它总是创造一个与眼睛发生直接的、本质的、联系的空间。因此，绘画在一开始所传递的不仅仅是视觉的感受，还有触觉的感受，这是因为人们都能依靠表皮的游离神经末梢来感受触觉感觉，通过与物体的接触来认知事物物质性，这是最直接和可靠的触觉。随着洛佩兹艺术风格的变化，他的具象绘画作品也能被发掘出抽象因素的意象，同时，为极力寻求作品的个人特色，他也采用拼接的手法表现隐秘的环境，表现方式接近超现实主义。

在观察和分析洛佩兹的绘画作品时，虽然表现的形式上，他的作品大多传承了美术史发展中已有的成果，但我们发现他的作品仍突出地呈现了现代主义绘画的因素，作品表现出的空间氛围及表现特点是深入探讨空间艺术的根源。

古语云："夫画者，从于心者也。"洛佩兹绘画空间的表现内容正是他表现自身意识和情感的工具，这源于他对自身的理解以及对身边事物的观察，反映的是洛佩兹对于自身发展的不同时期、不同情境下的意识结构。在实现此种表达的创作过程中，洛佩兹充分运用绘画工具的特点，将司空见惯、处于闭合状态事物的知觉美挖掘成为具有自身特点的空间秩序。这样的空间建构表现了艺术家先验性的认知，同时也启发观者对事物的重新解读。在展现为主观意识的心理空间表达上，作品呈现出荒诞及反逻辑元素拼接画面的多视角空间形式，这其中蕴含了真实与人性，诉说着超越宗教、民族等生命的价值。这恰巧对应了海德格尔在追溯艺术作品的本源中所推衍出的关于"真正伟大的绘画艺术"的内涵，其空间之灵动是使观者为之感动的原因。

二、洛佩兹绘画空间的建构源起

在绘画空间表现的选择上，艺术家充分珍视自我意识的状态和与心律相关的印迹，并用其表达艺术家自己精神的指向。在这个意义上，可以理解为绘画的空间语言是承载精神的主要表现，就是"语言即精神"。这当然也不是一个自发自成的过程，选择什么样的语言，表达什么样的精神是艺术家最重要的思考，其过程是必经之路，也是对艺术作品本质性的考验。

（一）早期绘画中空间表现的精神追求

学生时期的洛佩兹对古代艺术充满了兴趣，他曾游历一些国家，只为研究观察古代艺术中理想的古典美学。他尤其钟情于精美的意大利、希腊以及埃及的绘画与雕塑。在他看来，这些不可思议的创造是人类将自己全部精华融入其中的成果，所以古代艺术对他的启迪和影响是巨大的。

1.古埃及、希腊的空间艺术追求

在三千多年的时间里，古埃及的艺术风格几乎没有过太大的变化，这是因为埃及人有着对永恒的追求。在埃及人的观念里，时间与空间是静止的，是完全宗教化的意识形态，他们认为死远比生更重要，因为他们信奉灵魂会重返人间。这一切使得埃及形成了一套独特的艺术法则。埃及艺术品既有东方的神秘性，又有属于非洲原始部落独特的宗教性，比如面具、象形文字、浮雕、金字塔等。这样的特色是有别于西方古典传统的造型方式的，并且震撼了全世界人的灵魂。在透视法没有出现之前，为了寻求永恒，保持事物从始至终的共性，艺术家将三维的真实转换成为二维的绘画空间（我们知道这并非是简单的处理方式）。由于没有受各种透视图示的影响，反而成就了独特的空间艺术语言。这样一系列的绘画法则，正与他们想要获取永生的宗教信仰相呼应。

从视觉角度看，埃及的艺术属于几何化的风格，艺术家严格遵循一定规律，经过归纳与精心的设计，使画面带有强烈的秩序感与平衡感。埃及人对几何秩序极度敏感，并善于用抽象的思维呈现各种具有幻觉空间的画面。在绘制作品时，古代埃及人并非将形体的优美性做为首要的考虑因素。埃及艺术的本质是装饰性，这一宗旨具有形而上学及巫术性质。结果，造型艺术首先并非为了美和娱乐，巫术实质才是决定性的。艺术家其实也是主观性表达的代表，从现代艺术发展的角度看，他们不受既定的空间创作法则的约束，利用蕴含主观意象的创造思维，这恰巧成就了艺术美的最高典范。这样的空间视觉图像同时符合了现代人们的审美观念，因此，他们也可被称为"现代派艺术家"了。

洛佩兹在作品《灵魂》（图5-3）中绘出了空间中悬浮的人物。这种看似突兀的造型元素，却是画家用象征、幻觉、想象表达出来的结果，这使得观者在形体的观念中完全剔除了对真实性的考虑。

图5-3 《灵魂》

在绘画过程中，洛佩兹在造型、体积、质感等方面充分地借鉴了古埃及的创作手法，包括他的浮雕及雕塑作品。他同等热爱绘画与雕塑，并且可以自由地在绘画和雕塑之间进行手法的转换，尤其是在木板这种材质上着色。从情感的角度来看，木板着色和铜质雕塑这两种形式大不相同，但是反映出了材质的力量，木材原始、本色，而铜质则更为成熟复杂。从对人物面部表情的细致刻画，到对华美质感的色泽处理，以人物比例细微调节到笔触的运用，它们都充分体现了洛佩兹的绘画风格。然而在古希腊的艺术作品中，我们发现艺术家创造出了更加富有人性的美术作品，一句"人为万物尺度"完全地表达出了艺术作品中的人本主义精神。与埃及相比，希腊的艺术更加具有个人主义的倾向。

洛佩兹在其作品《新郎和新娘》（图5-4）中，人物面部基本没有表情，姿态较"生硬"，犹如一件雕塑作品。对于礼服褶皱的处理以及笔触的运用充分体现了他对希腊雕塑的热爱。

图5-4 《新郎和新娘》

在处理内心与绘画对象之间的感情表达上，洛佩兹往往将生命倾注其中。《祖父与祖母》（图5-5）这幅作品是洛佩兹根据一张旧照片以及记忆绘制出的作品。由于主题的特殊性，作品带有强烈的私人色彩。虽然旧照片给人以距离感与疏远的年代感，但是画家将两位主人公的构图放大，将颜色处理得更加通透，同时，背景没有任何装饰，这使得人物形象如埃及雕塑般沉稳厚重且有体积感。洛佩兹这样的画面处理方式再一次印证了他对古代艺术的无限崇敬。

图5-5 《祖父与祖母》

2. 庞贝壁画的理念借鉴

罗马的气质和传统有别于希腊，希腊人喜欢抽象和普遍性的艺术，罗马人则喜欢确凿而富有特征的思想艺术。古罗马绘画有许多被保存了下来，它们多数来自庞贝和赫库兰尼姆的壁画，并多绘于建筑物的墙上。1955 年的意大利之行，给洛佩兹留下了深刻的印象，他多日流连于庞贝古城，沉浸于断壁残垣上的绘画之中。在他看来，在庞贝，哪怕是最粗糙的油画也都意味十足，那种充满深意的构图集合唤醒了充满诱惑的广阔世界，是艺术世界最神奇的宝藏，你能从中看到生活的全部。艺术家什么都画：宗教场景、性爱场景、静物、生活场景，还有风景。画中流露出的自由和自信让人流连忘返。

庞贝壁画很注意布景，墙壁上的画经常被复杂地组合起来且时刻在发生变化。学者们通常将庞贝壁画分为四种风格：第一种是将颜料直接涂抹于石头上，从而依靠石头表面的凹凸不平制造立体效果，而颜色的镶嵌，更使其呈现空间的幻觉。第二种是罗马艺术家自主发明的，它企图暗示房间的空间真实并合理地扩大化了，它制造向外延伸的幻觉，这完全符合视觉的逻辑。同时，室内墙壁可以被装扮成各种想象的空间，同时丰富多彩。第三种是强调画面上繁华装饰的细节处理，这就需要墙壁是光滑而平整的，以表现时下最优雅的风尚。通常这样的画面会制造一块黑色墙面，在其中央位置画出风景或物体，并巧妙地利用光线，造成生动的三维空间的深度感。但是从某种角度来说，黑色墙面部分既可理解为无空间、无形态，又可认为是深邃的、有空间的，这种选择增加了些许的趣味性与恍惚感。由于美感上既要求空间假象的制造，同时又要求能够符合装饰的色彩意味，于是出现了第四种风格，它将第二种风格与第三种风格巧妙地结合在一起，兼具空间与优雅。虽然庞贝壁画的整体制作水平比较粗糙，但十分舒适，并始终体现时尚。其明确的绘制颜色和流畅的手法，甚至可媲美巴洛克时代，但它比巴洛克时代早了整整十六个世纪。

将洛佩兹的油画与庞贝壁画做比较，我们不难发现，洛佩兹在造型与构图方面明显借鉴了庞贝壁画的处理方式。

由于对庞贝壁画的细致观察，画家对于历史的凝重感油然而生，他将笔触以斑驳感的方式呈现，甚至忽略形体的转折，有意留白，以此来表现岁月沉淀的色斑。洛佩兹利用古旧的资源所展现出的忧郁的色调使作品传达出一种神秘圣洁的精神境界，从而使观者又感受到在柔和色彩中散发的高贵气质。这种空间处理带有历史感，表达了一种非人为因素的艺术语言。

（二）西班牙传统绘画中空间形式的运用

作为欧洲重要的国家之一，西班牙的民族文化艺术传统有其复杂的孕育演变过程。西班牙的地理位置兼具封闭性与开放性的特点，许多民族都曾给这片土地留下自己的风格，它也汲取了许多文明的优点，并逐渐演变为自身独特的发展成果。如今，在西班牙的主流艺术中仍带有本土创作手法的痕迹。综合来讲，西班牙艺术传统最大的特点是混合背景下的艺术家风格融合了其他民族的特质而变化多端。洛佩兹的艺术创作风格体现在他对西班牙传统绘画精华的继承和发展。

15、16 世纪的西班牙有很多殖民地，它不单控制着尼德兰，还随着哥伦布的远航，将势力逐步扩展到其他大洲。文艺复兴时期的西班牙虽不及法国、尼德兰等国繁盛，却也迎来了自身的黄金时期。14 世纪哥特式艺术时代的发展已使西班牙的艺术传统初露端倪，到文艺复兴时期，著名的西班牙画家埃尔·格列柯则将其发扬光大。到 17 世纪，西班牙画坛人才辈出，涌现出一批在世界美术史中熠熠生辉的传奇人物，如 17 世纪最伟大的画家维拉斯凯兹，他将西班牙美术推向顶峰。最后由艺术巨匠戈雅承前启后，打开了西班牙近代绘画艺术的大门。洛佩兹的作品虽然具有 20 世纪的表达因素，但是他吸取精华，传承了这种规律性的艺术手法，结合传统精髓的运用，构成如今具有强烈时代特征的创作方式。

著名画家埃尔·格列柯是西班牙的第一位绘画大师，也是西班牙美术的先驱人物。格列柯的艺术道路充分证明了民族融合的艺术特质。他的绘画作品以富有幻想、创造力为特征。宣泄内心情感的夸张的拉长和扭曲表达了人类的悲剧意识。从绘画空间的形式上分析，他尝试探索拜占庭的艺术风格以及意大利文艺复兴时期的空间透视学，并有意将其结合以供创作。

在作品《崇敬上帝之名》中（图 5-6），他沿用了拜占庭典型的人物成组叠加式的构图风格，显示出了某种复古的气息。作品结合典雅、明快的威尼斯色彩与人物关系的处理，使自身画面空间丰富多彩。格列柯将色彩与象征性元素纳入拜占庭绘画图示中，对新的空间观念进行强化式的探索。整幅作品被分割成两组空间，又融入意大利文艺复兴时期的经典透视，呈现出中心封闭圆柱式的空间，突出天使上升的动态。在下半部分的空间中，一大群人物充满画面，压缩了空间的纵深感，但表现出了人物组织的秩序感。上帝被安排在画的中心位置，人物格外突出。在这幅作品中，空间分割成为格列柯在空间运用上的成熟表现，他有意识地将每个场景划分在小块面中，并通过色彩强调边界，这样使每组空间秩序都井井有条，如同每个场景都诉说着不同的故事。

图 5-6 《崇敬上帝之名》

到了后期，我们可从作品《奥尔加斯伯爵的葬礼》（图 5-7）中看出，格列柯将画面空间关系发挥到顶峰。画中表现了三重界空间，并直截了当地利用云团状或椭圆状等外形包裹画面中间部分的左右两组空间，并在图示上达到一种平衡感，这种方法成为格列柯独特的构图方式。在这幅作品中，画面呈现出相互平行的空间。横向与纵向的中轴线，如同一个隐形的十字架。穿黑色袍子的人物构成水平线，并与其上边左右两侧的白色衣裙形成稳固的金字塔状，结构复杂却有秩序。在人物的处理上，天使具有轻盈拉伸的美感，而葬礼上的人们却肃穆稳重。格列柯利用某种形状作为载体，分割空间，使观者易产生错觉，认为天与地融会贯通，如此也打破了拜占庭文化中天堂与人世的界限，创造了"格列柯式"的绘画空间。

图 5-7 《奥尔加斯伯爵的葬礼》

　　西班牙独特的民族发展成就了格列柯，而格列柯影响了洛佩兹对空间的处理。洛佩兹的作品《阳台》（图 5-8）是他在课余时间绘制的一幅小品，画面用客观的真实图像为参照，融合了画家个人的主观感受。这种呈现方式开始成为洛佩兹的绘画风格形成的初探。在这幅作品中，洛佩兹分别描绘出内外两层空间，画家以饱满的构图方式以及微弱的色彩对比刻意削弱了真实的视觉空间，却有意将画中各因素重新排列组合，把装饰较复杂的窗帘移出中心焦点，用整体的黑色栏杆一条一条地压在中心位置。他还分割内外，并将外部的空间替换为一栋建筑，有意将人物与房子的比例处理得反常，把客观世界与虚拟幻想结合在一起。

图 5-8　《阳台》

　　在作品《玩耍中的卡门》（图 5-9）中，洛佩兹用两条横线分割出了三个独立的空间，并且空间面积自下而上的递减，画面中多个几何形状的块面有序安排，将整个视觉领域融为一体。画家把静物或景物的横向并排安放，突出三组平行空间的平衡感和连续性。格列柯的作品《奥尔加斯伯爵的葬礼》也是三分式的空间分割。虽然两个画家所表达的内容不同，但在空间处理上相互呼应，由此可见西班牙绘画的传承关系。与之不同的是，洛佩兹在画面上下空间中表现出了一种亲切静谧的氛围，技法虽繁复却精致，这也正是画家对于眼中真实生活的记录。

图 5-9　《玩耍中的卡门》

　　洛佩兹画面平淡的主题也继承着西班牙绘画中传统的现实主义，如里贝拉的自然主义，他的画面色彩少了古典式的艳丽色彩，多了顶天立地的动态构图与色泽的明暗对比，呈现出戏剧性的效果。由此可见，洛佩兹的艺术手法及创作理念传承了真正的西班牙绘画风格，体现了特殊的西班牙民族特色。

　　西班牙17世纪最伟大的画家维拉斯凯兹曾两度赴意大利，故其作品的风格融入了意大利的特质，他艺术风格的转变再一次印证了西班牙艺术善于吸收的特性。洛佩兹的艺术生涯中最为认可的艺术家是维拉斯凯兹，他认为维拉斯凯兹的作品变化接近现代，而且坚信自己与这位优秀的艺术家有着难以言喻的联系。

　　维拉斯凯兹在晚年为王室创作的《宫娥》（图5-10）成为其巅峰之作。此画作画面结构布局十分严谨，空间关系按照多焦点的透视法则绘制，并通过画中错综复杂的人物关系层层折射出来。画中天花板与窗户的透视拉开了前厅的大视野，而且地板在阴影部分按照物体的排列以S形的路线退向最远处台阶上的人。一般来说，按照我们普通的思维方式，从透视法则的角度来讲，后面墙上镜子中不应该出现国王与王后，但因为画面的光线及多个焦点的存在，它们使观者的目光在空间中处于游离的状态，从而使观者出现错觉，似"穿越"在作品中。画面的中垂线正好同时穿过小公主的身体和镜子的右边缘，右半部分的光线使观者的目光折射到前方，并通过窗花的安排，形成三角形构架。后半部分，由于两道光影的处理，形成中心对角线，使画面具有"空气"感。画中的镜子给予了一个非真实和弯曲空间的内容。从这层意义上来讲，由于目光的连续性交错，我们对于多焦点透视所产生的深度幻觉空间出现了偏差。由此可见，在绘画空间的表现上，某些可消失的存在并表达隐藏着空间的载体（如镜子）也是深度空间的缔造者。

图 5-10　《宫娥》

洛佩兹在作品《一家诸人》（图 5-11）中也同样使用这种布局的技巧。从画面的明暗节奏中，我们可以看出画家设计整幅画的巧妙之处。他首先将四个人物的秩序安排得错落有致，有藏有露，并利用大面积的投影将画面一分为二。在明暗的反复过程中，画家特意在明暗交界线的部分加入了镜子。他根据镜子的成像原理，利用它的反射来延伸真实的空间，而且镜子处在明暗的交接处，也增加了含蓄的幽默感。这件作品充分显示出洛佩兹对维拉斯凯兹的崇敬之心。

图 5-11　《一家诸人》

西班牙艺术自古就有丰富的想象力以及隐藏在内心深处的特殊知觉力，这一点可以从伟大的西班牙艺术家戈雅身上得到印证。他的代表作《巨人》（图5-12）借助想象与幻觉，用荒诞的元素和大面积暗色调在高度主观化的内心里抒发无比的痛苦与压抑。这种呈现在作品中的内心复杂的情绪成为一种内心世界的真实写照。洛佩兹早期的超现实主义风格作品是对于这一传承有力的证明，他的图作用简单而传统的构图手法表现难以言喻的神秘感。

图5-12 《巨人》

从表面上看，洛佩兹严格理性的思考方式和一丝不苟的写实技巧具备了西班牙艺术传统的格调，他冷静、内敛的绘画方式间接地体现出西班牙独特的民族特征，并且沿着20世纪新具象写实的轨迹发展。他无限专注于内心对真实世界的理解，超脱于功利与浮躁的时代。不可否认，洛佩兹承袭了西班牙优秀的艺术血液，同时不断尝试用各种手法进行探索与创新。

三、洛佩兹绘画与现代主义绘画的关系

虽然吸收了前人的精华，继承了优秀的传统艺术，但是洛佩兹的作品明显带有20世纪的元素，同时受着现代主义绘画的影响。现代主义绘画的表现形式在多数人的印象中是打破传统，但事实上它们是一脉相承的。

洛佩兹的作品一直受塞尚的强烈影响，塞尚对于整个艺术发展史都有着不可磨灭的作用。塞尚的绘画没有了神性和故事情节，对人物表情的刻画也削弱了，画面少了对物体物理特征的强调，却多了对画面空间、色彩、造型等抽象形式的表达，这使其具备了独特的绘画空间魅力，也从根本上影响了现代主义绘画。他使现代主义绘画开始打破以自然主义绘画空间为主的处理

方式，转而直接表达画家的直觉与观念。

　　塞尚将画面物体的造型元素从几何线条中抽离出来，在色彩形式结构上实现了物象之间的转换。他的每一块笔触对于空间的建构都是生成性的。他的画面并不追求自然本身的深远空间，对于远、中、近景也没用按照自然视觉的逻辑进行绘画，甚至将远处的景物刻画得清晰可见。首先，他的空间深度是从真实的现实空间提炼出来的平面的准构成主义，画面的深度和前后关系是靠一层层叠压的笔触堆砌而成的。塞尚根据主观的视点和画面平面空间结构的需要，对客体进行拉长、拉宽、拉高，甚至会用多个透视点来组合同一空间。其次，塞尚将三维物象转化为来自建筑性结构的几何形体，从而塑造一种有序稳定的深度空间。他强调几何形空间框架，简洁概括，这一部分的灵感来自建筑艺术空间，如正方形、长方形、金字塔形等都是稳定有力的空间特点。再次，塞尚将画面的抽象元素富于物象新的状态，利用各种创新图示，从主观的角度表达空间的真实感，并建立物体开放的空间特性，造型抽象化，使他的绘画空间充满流动性。我们可以看到，在洛佩兹早期的作品中，物体的体积感、色彩及笔触深受塞尚绘画中对于结构归纳的艺术系统的影响。

　　同时，洛佩兹也从立体主义中汲取精华。它不同于传统绘画中逼真的视觉效果，而是追求一种几何形体的美和物体排列组合所产生的形式美。画面的空气、明暗、光线、氛围等空间因素都集合在由直线和曲线构成的轮廓中，这些轮廓和块面堆积的手法、物象之间的交错关系，共同形成了一种兼具趣味与情调的空间感觉。作品《托梅略索郊外的桌子》（图5-13），体现了画家渴望将各种物体综合在一起的创作冲动：前景的桌子与画面的边缘形成了一个小角度，这样的设计方式避免了画面出现僵硬感，桌子上一系列静物的组合几乎被归纳为有规则的形状，并有序排列着。这组静物同时与画面中人物的位置安排、远处房屋的几何形排列以及背景中隐约的地平线相呼应。画中各元素呈渐变性排列。画家对三三两两的人物和一些代表神秘与冒险元素的刻画，能使作品表现得既像当地真实空间里乡村风景的描绘，又隐含着一种具有抽象意味的神秘性空间。

图 5-13 《托梅略索郊外的桌子》

第二节 绘画空间艺术特征

分析洛佩兹的绘画作品，我们会发现其绘画空间的主要特征体现在在反映对象的直接形象时，画家本人能够通过抽象的思维，通过现象揭示本质。他的感觉器官赋予了他对真实物象所闪烁跳动的影像中"真实"东西的天然直觉，再经过时间的沉淀，准确地推断物象的本性，从而形成自己独特的语言，这正是画外时空的艺术魅力与价值。思想的空间是形成于人类的意识结构中，它具备虚拟性和抽象性的，而绘画空间离不开思想的空间想象，却有别于思想空间，因而两者存在着密切的联系与一定的差异。洛佩兹独特的空间艺术特征反映了他观念性的表达，并以生命空间为原型构造的艺术空间。

一、超现实空间的神秘性

超现实主义一直都影响着西班牙当代艺术，其中出现的大师至今都是世界范围内的杰出代表，这也是源自西班牙深厚的艺术文化底蕴。作为艺术的一个流派，更重要的是超现实主义先于理性、美学、真实、道德等精神活动领域出现，它试图去尝试获取真正的抒情语言来表现自我，使现实或梦幻变成超现实因素，最终改造世界。现代艺术美学研究者安德烈·布列东认为视觉艺术家运用图像就像人运用词汇一样，用的都是表现符号，并通过感官的东西刺激想象，对个人产生影响。

洛佩兹作品中超现实性质的表达是其早期艺术观念性在绘画空间中表现的特点。画面的构成是存在于画家本身主观的思维空间中，这是无法相对于自然空间来评判和理解的。苏珊·朗格曾说现实世界中的空间是没有形状的，即使是站在科学的角度，也仅仅是"逻辑形式"的空间，因而艺术品依托的是画家的思维空间和空间的观念性。洛佩兹力图以超现实主义的手法来表达一种"宁静"的情感思想，他的作品不受任何功利性目的牵绊，并作为一种纯美学思想的艺术品来表达现代艺术的精髓与观念。

早期的洛佩兹以带有超现实主义因素的手法来应对没有完全理解的现实。为了使作品提升关注度，他利用荒诞、不连贯的构图表达一种隐晦的思想空间。在作品中，他偶尔会借用民间艺术中天真无邪的图像或是突兀的元素，将观者带入超时空的想象。同时，洛佩兹的作品反映的又是现实生活中真实的场景，只是会出现难以言喻的神秘感与荒诞的"趣味性"构图，但这并非是幻想出来的虚无缥缈的世界。神秘特征是洛佩兹超现实空间作品中的主要特征，同时，这也是他在画面表达上的一种复杂的抽象统一的语言符号。在形与色的交融中，这种特征和语言符号将观者带入一个神秘视觉盛宴之中。

从洛佩兹早期的作品中，我们可以看出当时的他已经不满足于具象表现手法下的思想空间，因而有意将"真实"物象魔幻化，去表达一个有限与无限结合的神秘性空间。在作品《死去的女孩》（图5-14）的情景中，空荡的大街上放置着一副莫名的灵柩，里面躺着一位已逝的少女，远处是空旷的城市街道，在灵柩旁边摆放的火烛和透明的花瓶并没有使观者感到奇怪，但画面右下角大面积褶皱的报纸以及灵柩上神秘的民间图像等这样突兀的元素闯入了观者的视角，从而使人不得不去思考它的用意及来源，这些元素的存在让作品变得更加忧郁、更加神秘。将视线移到画面的上半部分，我们会发现消失在尽头的街道以及"印刻"在墙上那貌似具有纪念性质的显眼的字母。对它们的处理明显是画家在表达对生命难以割舍的一种情感。综合来看，这样的情景设置是画家较为明显的主观形态下的心境表达，是对真实与幻觉的思考，意在体现一种难以言喻的神秘感。

图5-14　《死去的女孩》

同样在作品《吊灯》（图 5-15）中，我们能够看见更加具有神秘色彩的情景组合。洛佩兹利用"幻术"，删繁就简，成功地打破了物理视觉的必然性，并以空间氛围为依托，传递了一种人类皆可触及的神秘之境。悬浮在半空中的白盘子和女人像以及垂下的华丽灯，无不透露着画家似乎又在叙述一个寓意性的故事。画家创造了一种暧昧的超现实空间，使观者在视觉上感受到一种既分割又合成的神秘感，呈现的是超越自然空间的意象空间，展示了另一层面的审美追求。但是根据洛佩兹的叙述和艺术历程，这个时期的他并没有完全理解"真实"的本质性问题。

图 5-15 《吊灯》

二、私密空间的象征性

当洛佩兹认识到超现实主义的局限性时，他渐渐地开始在艺术创作中寻求突破，于是决定回归真实的本质，这恰巧与当时"新具象"有着对艺术同样的认识。纵观洛佩兹的艺术作品，无论是哪种类型的表现方式，我们都能够看到画家对于其私密空间有着强烈的私人感受。他爱着自己的家人以及身边每一处熟悉的地方，并希望通过写实的手法表现这些朴素的事物。洛佩兹渐渐放弃了完全凭主观意念进行创作的方式，转而开始去理解真正的现实世界，从直观的超现实空间中的神秘转变为写实对象中的神秘隐喻，这意味着他对真实空间的认识已经上升到对人生空寂时光的一种哲学思考。由此可见，在艺术家不同的境遇中，艺术作品能够散发出其无限的潜能。

在之后传统写实风格的作品中，洛佩兹不仅对现实空间进行摹写，而且时刻传达着自身的观点和内涵。分析其作品，我们可以看到在他那近乎照相写实的极端表现中，无不透露出一种神秘又近乎诡异的"技巧"。这种"技巧"

象征了他的人生阶段：从纯主观的幻想到真实空间的思想，从抽象、表现、超现实到具象写实，不断学习又不断抛弃，直到寻找到一种有意义的属于自己的绘画空间语言的现实主义。这所有隐秘而伟大的真实感受便是他作品中神秘力量的象征，他一直都在探索一种美，一种崇高的真理，这种真理即是纯朴的真实世界。

从作品中看，私密空间的象征性是画家通过系列场景的描绘实现的，利用特定的场景，如浴室和画家的工作室，或是单独的事物，如门和窗抑或最具私密性的床等。这些都直接或间接地表达了洛佩兹的自我意识、个性以及内心深处隐藏的潜意识，这样熟悉的事物都是我们日常生活的基本场所，而这些司空见惯的物象却是画家对于作品空间理解的延伸，也正是他独特的空间语言表现的精神之所在。

在作品《坐便器和窗户》（图5-16）中，我们可以看到画家对于这种私密空间描绘的代表，画家将重点放在刻画物体上，中间地带的衔接加入，将两个方向的物体合并为一个空间，穿过大面积的方格玻璃所产生的白色强光，使具有瓷器质感的瓷砖和坐便器同时产生光的反射，并与阴影下的水池相互呼应。光线与特殊质感的物体所呈现的效果使观者易产生视错觉，仿佛身在"真实"的空间里。在画家尽力展现真实环境的同时，我们发现在生活中，这样的盥洗室并不是一个很干净卫生的理想场所，倒像一个年久失修的地方，这里到处是水垢，破旧的毛玻璃、水池、坐便器，无不展现的是被"破坏"掉的空间安排，甚至家庭形象的缺失。但是仔细放大画面，我们会发现画家对粗糙的毛玻璃的每一小格的刻画竟然都极其真实，对地板上每一块"污垢"的处理竟然都极其精准到位。当然这仅仅是画家技术层面的展现，而当深入整个空间表现的背后时，我们会惊奇地发现这其实是画家经过几十年以来对同一类事物进行潜心观察和体验的结果。洛佩兹追求"平凡事物至上"的生命状态，仿佛象征着浩瀚的宇宙空间中每个渺小事物的存在状态以及每个人对生活的思考方式。无疑，洛佩兹成功地完成了主观与客观的完美交融，这源自他自身的"修炼"。只有经过如此"修炼"，方能到达一种"怡然自得"的静观境界。

图 5-16 《坐便器和窗户》

门与窗是洛佩兹绘画作品中的又一个重要的元素。在我们的理解范畴中，窗户常常是出现在室内的场景中，它的存在大多是光源的需要或仅仅是修饰的补充。在他以窗户为主题的系列作品中，大面积的窗户既是画面的独立性主体，又是画面的主要背景，这是洛佩兹又一次突破性的表达。从形式上，窗户本身形状的特殊性可以被理解为一个简化的几何形，其大面积地出现在画面中，就意味着画家需要提炼出纯粹的物象，并展示真实的空间，这就是难点的所在。而在洛佩兹的《窗户》系列作品（如图 5-17、5-18、5-19）中，我们可以看到，虽然这几幅作品是在不同的时间段完成的，呈现的是完全不同的色调，但是画面里的窗户更像是在图解画中每一个物象的符号，它控制着整幅作品的节奏，记录着窗内和窗外的真实空间。无论是横向还是纵向，窗户决定了我们的视线范围。这不禁会使人联想到某种心理上的私密空间，它象征着一种窥探的状态，但在窥探的同时又寄托着冷漠、空虚的心理感受和情感诉求。

图 5-17　《夜之窗》　　　图 5-18　《夜之窗》　　　图 5-19　《午后的窗户》

纵观洛佩兹的作品，门和窗大量出现在其画面中，无论是主体还是背景，它都像图像符号一样成为洛佩兹空间艺术语言的标志，使观者无形之中关注到画面本身的铺排和视觉感受，并进一步思考作品想要表达的本质意义。传统的写实绘画语言依赖于艺术家的审美价值和艺术精神的自我彰显，因此，诸如门窗一类的视觉符号样式使写实的语言获得了新的功能，即将抽象的情感、思维寓意化的延伸为新观念的表达，这也是洛佩兹的作品具有现代艺术品格的原因。

三、素描作品中的深度空间

素描常常被认为是在油画创作前的准备阶段，大多艺术家仅仅是把它当作草稿或初稿，这样，素描就彻底失去了它独立存在的意义了。在洛佩兹的艺术作品中，有着大量的素描作品，并且是具有独立空间语言的形态。他认为，每一种艺术形式都有它存在的空间意义，而素描就是最私密、最深刻的内在空间，但又是常常被忽略的领域。一幅油画，由于它的色彩可以传递信息，因而给人很真实的主题感，而一幅素描带给你的则是更心理化的深度空间，就像黑白电影或黑白照片一样给我们一种非现实、超时空的感觉。在素描作品中，令人倾倒的仍然是画家对事物独特的认识。

素描中的黑白灰关系关联着人类的视觉心理，洛佩兹的作品中常常隐藏着他理智却又迫切的渴望，这是素描本身的黑白关系和笔触所带给他的，因而他经常使用这种创作手法来表现一种能打动人的特殊效果。评论家罗伯特·休斯曾评论洛佩兹的素描作品是"对立面的迷幻组合"，他熟练掌握炭笔的运用，充分捕捉对于绘画空间中物象之间组合再提炼的抽象本质能力，以制造某种心理压迫感，从而传达寂静、神秘的氛围和静默生疏的态度。

在素描作品《托梅略索的房间》（图 5-20）中，画家和观者可能都产生了同样的困惑。在最初看到这样的场景时，洛佩兹总是想要去表达一种飘忽的感觉，这种感觉令他产生了无形的恐惧，他想要描绘内心的这种心理状态，于是选择了素描，但他无法用语言去解释清楚为什么。当观者第一眼看到这幅作品的时候，平凡朴素的空间里，几个大的几何形状充满了整个画面，同时，空荡荡的房间中没什么装饰，只有一团麻布，但是它将观者带入梦境般，仿佛身临其境，内心也感受到了那神秘的空间氛围。由此可见，洛佩兹素描艺术的表达方式是最能抓住人心的。他能将画面传递的信息直接带入内部空间，这源于他始终不变的审美哲学、平静的心态和稳步行走的艺术道路。同样，在作品《画室的三扇房门》（图 5-21）中，从画中整体布局的角度来看，它与《托梅略索的房间》形成强烈的对比，房间东西摆放的杂乱无章，门里面凌乱的像垃圾堆一样，整体都散发着像地下室一样的阴郁而诡异的氛围。但就是这样的地方造就了洛佩兹，这里每处留下的痕迹和发生的每一件事都是岁月的积淀，是专属于画家自己的创作历程（事实证明，这样的氛围其实是很符合艺术家对于一个画室的认知的，例如著名的画家马蒂斯、培根等，他们的画室也都是这样的一个状态）。

图 5-20　《托梅略索的房间》

图 5-21　《画室的三扇房门》

而在素描作品《南瓜》（图 5-22）、《木瓜树》（图 5-23）中，洛佩兹以另外一种艺术象征符号来表达画面的深度空间语言，增添了几分神秘的精神意味。画家敏锐的审美感知能力在艺术创作过程中起主导作用，而符号化的因素常常是作品中不可获知的因素，它传达着某种艺术观念，可以是趣味性的或诡异性的。首先，在洛佩兹的作品中，木瓜、南瓜、李子、花卉等物体常常被作为参考物，久而久之，它们便成了作品中植物符号样式的代表。由于自然事物生长的天然性，所以它们在画面中呈现出了不同的风格品质。植物的符号代表着自由，它们具备天然的格律节奏，具有浪漫、质朴、优雅等特点。洛佩兹用黑白灰的语言去把握其造型的对称、重复、排列，在明暗交替的节奏中表达了自然界中事物的形式美感和艺术意味。这样，隐藏在画面深度空间的美感，也仅仅存在于梦幻般的黑白艺术中。

图 5-22　《南瓜》

图 5-23　《木瓜树》

79

在作品《南瓜》《木瓜树》中，我们可以发现洛佩兹做出了很多"十字"记号，这些细小的痕迹不仅是在注解这平淡且简单的透视，仿佛也是在捕捉所绘之物的本质，这种别具一格的手法试图在理解这个真实空间的存在方式。洛佩兹高度精准的写实手法近乎诡异，当画家通过构思而产生的表象符号和艺术家的审美意识达到高度统一时，意象符号便出现了。这也是为什么洛佩兹能够以传统写实的手法稳稳地立足于当代纷繁复杂的艺术潮流中的原因。

四、时间与空间的"迹·象"

20 世纪 80 年代，洛佩兹已经非常有名，但他仍然在艺术的发展道路中寻求新的突破口。在洛佩兹生活的城市马德里，与所有的城市一样，它每天都在发生新的变化，他感受着这里的街道、建筑、天空甚至是空气的重量，随着时间的流逝，他似乎看到了这座城市空间里的人性。为捕捉这座城市的变化，他选择了具有难度的马德里城市为主题，由于不同的季节和每一天不同的时间光线、气候等都会影响着画家的观察，他于是不得不停笔等待、揣摩，导致此类主题的每一幅作品都要耗上几年甚至几十年，也正因为如此，画面上才永久地留下了画家意识情感里的"迹象"。

在研究绘画理论和创作的探索过程中，时间性对于空间艺术的表现是隐而不彰的，绘画并不是主要表现时间的艺术，但是以时间为依托的，而洛佩兹作品中所体现出的时间的丰满与斑驳，使得洛佩兹的艺术更富有当代意义。用苏珊·朗格的话说，绘画的所作所为便是营造一个"虚幻空间"，这既说明了画家的工作性质，也说明了画面之象的非现实性，但虚幻的空间并不是绘画的终点。由迹象达成的空间，最终将为观赏它的眼睛和心灵提供丰富而奇妙的感觉、知识和意蕴。在探讨埃及的艺术时，我们曾提到埃及人相信永恒的价值，这意味着时间观念早已根植在人类的心灵中，而作品中留下的"迹象"就是彰显着恒久审美的记号，它们通过空间语言折射出震撼人心的视觉冲击。我们常说"落笔成迹，因迹生象"，即在绘画的过程中，下笔便成迹，简单来说，"迹"是指艺术家使用工具材料所留下的痕迹，"象"是指艺术创作中的色彩与形象。洛佩兹常常用两种方法将看不见的时间转化为看得见的迹象：其一是对空间形式中造型色调进行处理。从画面构图的横向和纵向的安排，到光线的运用，展现的都是"时间的截取"。其二是通过所表现物象在时间流逝中的运动之象，呈现出造像的趣味和特殊的感染力，即"被表现了的时间"。从视觉心理的角度来看，洛佩兹笔触沉稳、叠加次数较多，看上去"不流畅"，这正是迹象元素所带来的时间深度感。例如，某些艺术品因时间久远而造成的表层残损和漫泛之迹，反过来却是具有一种历史感的视觉冲击，这"时间的伤痕"无疑造成了当代艺术的审美开拓和观念性的表达。

洛佩兹所绘制的 10 幅马德里系列作品成了他艺术生涯的巅峰之作，他很好地描绘了这座城市的轮廓，在作品《白塔楼视角下的马德里》（图 5-24）中，洛佩兹并非单纯地描绘地域面貌或细致地刻画街景建筑，而是在真正地感受着这座城市带给他的内在吸引力、神秘感和宏伟度，人们认为他将这座城市的发展和人类的历程都表现得淋漓尽致。这幅作品的空间艺术体现在其艺术结构和艺术语言上。画面构图的广延性和色彩的融合性展现了时间的维度，精湛的写实技巧将微弱光线下的形体、阴影、色彩的细微差异表现得井然有序，画面中所留下的不断改动的标记、造型笔触的叠加以及色调的调和都是作品经历长时间修改的迹象，这样的"迹象"创造了独特的时空交融的空间语言。

图 5-24 　《白塔楼视角下的马德里》

作品《古兰大道》（图 5-25）毫无疑问是马德里系列中最为人熟知的一幅。画中描绘的是阿尔卡拉大街与古兰大道的交界处，画面构图较为方正，建筑由近及远，由大变小，画家既没有去表现场景的宏大，也没有进行全视角的安排，而是以一个普通人的视角，将自己安排在街道的平面上，所绘制的景象与寻常行人看到的无异。洛佩兹选择了清晨的光线作为画面的光源色调，这加大了绘制这幅作品的难度。我们知道，清晨的光线变化很快，每天也仅有 20 分钟左右的时间可用于作画，还是在理想天气的状态下。那么，画家就需要用无数天且每天花特定的 20 分钟来呈现这精准的细节和整体的氛围，还要在有差异的光线中把握消失在远处的景物，每一次的调动修改和对光线的精准要求都使画面留下了"迹"。这些"迹"只是为了留住那一刻的永恒。

图 5-25 《古兰大道》

洛佩兹选择这样的城市题材也有一定的指向性。他认为，纵观整个城市，人人都在过着自己的生活，有各自的一片天地，而画室就是属于他自己的空间，从整体到局部角度来看，这座城市和画家自己世界的内部空间十分相似，它们之间紧密相连。

电视台曾以洛佩兹的作品《木瓜树》的创作过程拍摄纪录片。通过漫长的拍摄，画家的每一个真实的阶段都被记录下来了，从画家思索选择主题到创作过程，它们都像一场安静的梦一样将观者带入那静谧的时空。洛佩兹眼中的木瓜树蕴含着美感、安宁、恬淡，画中静谧的时空使人仿佛能够感知画家一尘不染的心灵境界。随着时间的推移，木瓜渐渐地从树上掉落下来，洛佩兹曾说"看到木瓜掉落的那一刻，一切都被唤醒了"，他看到了更深、更真切的生命本质和万事万物存在的真理。此时，洛佩兹的艺术已经得到升华，他通过对真实空间的写照体会到了物我平等的本质，达到了精神上的"静观"，抑或是一种东方式的沉思冥想，如此的空间艺术谓之"空空如也，无尽藏，是为禅境"也。

五、对"图像时代"的回应

在当代，"图像"一词已被广泛使用。在数字媒体发达的今天，作为人类视觉文化的形式载体，图像也为艺术创作提供了丰富的信息元素。图像的多样化形式能够真实地反映三维立体空间，它还可以通过符号化的象征来表达一定寓意和情感。我们常常将传统的具象写实绘画同新时代的图像来做比较，如将摄影与写实绘画进行比较，这说明图像时代的到来在某种意义上还是冲击着艺术作品的价值，这是不可避免的，"照相写实"一词便由此而来。不可否认的是，绘画作品仍然有其无法超越的价值，这一点我们从著名大师里希特的作品中可以看出来。

　　同样，在观察洛佩兹的作品时，我们也会去称赞其精湛的写实功力，然而在图像和大量新表现主义双重发展的时期，他的作品却成了这个时代的突出性风格，这并不是偶然的。在 2008 年之后的一系列城市主题的创作中，洛佩兹不再像以往那样表现物象时的"写实"，而是带有了些许的"写意"倾向，同样的主题却是不同的表现方式，比如《古兰大道》系列。在《古兰大道》的绘画系列中，洛佩兹采用了极致写实和松动模糊两种手法融合的空间语言，这既是一个组合分离的过程也是一个相互对比的表现，那么这样的手法和如今快速发展的图像文化有内在的联系吗？现代图像的发展特点表现为：复制性、速度性、时空性、虚拟性，说明当艺术家关注到同一事物的时候，艺术家和图像之间是相互影响的。贡布里希指出，关于图像的解读要受三个变量的支配：代码、文字说明和上下文。如果以写实绘画和摄影技巧的角度为例去分析其空间语言表达的变化方式，我们就会发现洛佩兹对于图像文化是如何回应的。例如，回顾 20 世纪 70 年代的那张《古兰大道》，如果用相机摄影做比喻，那么这张作品更像是以时间为依托，花了七年的时间调整曝光及色温，将其作品完美地呈现出时空交融的特点。但是，事实告诉我们，艺术作品却没有办法像摄影图像那般轻易地抓住永恒，由于绘制时间带来的困扰，视点总是随着事物的移动在变化，有虚有实、忽明忽暗。然而洛佩兹的艺术魅力就在于他正是将这种"困扰"化解为一种独特的空间表现方式。无论是光线的移动还是视点的变化，他都将其直白地留在了画面中，因而有的地方写实，有的地方写意，这正是画家当时最直接、最冲动的想法，没有拐弯抹角，也没有捷径，有的只是他对真实空间的"真实"表达。

　　洛佩兹用艺术告诉我们，写实绘画没有办法去和快速发展的图像时代比速度以及视觉的真实性，而图像文化却永远表现不出艺术作品中抽象的视觉心理以及事物的本质。视觉的表现是基于大脑视觉区域的行为控制，这种"行为"体现在艺术家内在的精神心理活动，这不是机器所能替代的。

　　洛佩兹用自己独特的空间语言对"图像时代"做出了回应，显示了一个画家的艺术感知和对"真实"空间的思考方式。综合来讲，画家总是带着强烈的思想感情去看待周围事物的，然而生活总是充满神秘与变迁。在洛佩兹的艺术中，我们可以看出他并非以描绘事物的"真实逼真"来取胜，对于图像时代的冲击，他更多采取一种看待生活的方式和静观的艺术态度。在数字化媒体的"图像时代"中，洛佩兹并没有沦为图像的制作者，也不仅仅是简单的传统写实主义，而是真正在探索着能够表现媒体图像不同形式的体验，体验如何定格生命过程中某一精彩的瞬间，这也许就是图像所不能替代的真正的"艺术作品"。

第三节　绘画空间形式

洛佩兹的绘画空间表现形式是他独特的审美态度：平凡而静默的体现。他之所以如此观察物象和经营画面的空间形式，首先是因为他确立了这样的审美方式，并且以日趋成熟的表现手法深入挖掘形式与结构，画面呈现出所能承载的精神与情感要素。在平时的创作过程中，洛佩兹往往将精神内涵与绘画形式统一思考并同时完成。从20世纪60年代的成熟期开始，洛佩兹绘画空间完全形成了自己的特点。在这一时期，画面鸟瞰式角度、焦点透视与多点透视的综合运用、空间中物象的几何形归纳以及空间的拼接等手法与主客观空间的色彩运用都达到了自由而和谐的境地。

一、经典与现代透视学的运用

透视学是为了满足对客观事物真实性空间描绘而发展起来的科学画法。一切空间内物象元素的造型与色彩都离不开透视学。透视学的相关原理是意大利复兴时期所取得的重要成果之一，如今，洛佩兹仍然在巧妙地使用它。现代透视学是艺术发展过程中在自身内在需要和外部因素共同影响下，对传统透视进行拓展或反叛的结果，它构建一种新的绘画空间形式。

传统画家常常将很强的数理逻辑运用到透视知识中，为造型和构图提供依据。在传统的绘画空间中，阿纳森往往将固定的视点、固定的绘画对象以及固定的画面作为一种组织绘画空间的制度体系。在各种绘画空间的视点中，仰视和俯视的视角较为常用。它的基本原理是指从一个固定的视点出发，将描绘的物象元素按照透视线的远近有规则地递减物象的大小，从而达到在二维平面上塑造三维空间真实的视觉效果，这也被称作焦点透视。

焦点透视在文艺复兴时期就已形成，但发展不成熟性恰巧赋予了作品一种魅力。然而站在整个艺术发展的位置上看，当这种透视法发展到过于严谨科学化的时候，它反而束缚了空间表现的自由，同时也失去了真实感的视角。在进行了长期的摸索后，洛佩兹也可能领悟到了这一点，所以他在推崇文艺复兴时期绘画的同时，也潜心研究徘徊在真实与想象之间的那种"稚拙"的空间表现。反复研究洛佩兹的绘画，我们会发现在他成熟期作品的画面空间中，物体的观察视点普遍下移或上升。他运用这样的视点观察绝非偶然，画家是想最大限度地呈现空间维度，将观者的视线拉向远方，同时可以增加稳定安宁的氛围。如此一来，我们在他的作品中既能领略到庄严的精神境界，又能体验到富有美感的真实空间秩序。

在作品《托梅略索的圣莉塔街》（图5-26）中，画家描绘的是熟悉的托梅略索小镇，这里地势低洼，建筑物也较矮且具有当地的风格特色，柔和的光线渲染了安静祥和的氛围。洛佩兹以深远的视角，通过处理色彩，从而突出主体，刻意加深了画面的深度。事实上，画面上的视线区域已经比较充实，不需要再进行扩充，所以画家有意将视点下移至中心点以下。通过前景中两根电线杆的定位以及视平线下隐约出现的平行线，建筑物的比例更加协调。画家通过对画面的颜色对比、光线变化以及细微元素的刻画将观者拉入其中，制造出真实的距离感，仿佛身在小镇，视线随着建筑物的透视变化被拉向远方，呈现出一种深度的幻觉空间。相反，在作品《由拉玛利西奥萨峰看到的马德里北部》（图5-27）中，洛佩兹采取了由俯视角度来全景式地描绘整座城市的方法，这样鸟瞰式的视角使视野过于宽阔，较难呈现真实的地面情景。面临这样的挑战，洛佩兹首先确定所绘制的那部分城市，然后拉伸距离感，使空间面积开拓，隐没的透视线集中消失在远处地平线的中心点上，画面的远方逐渐模糊并缩小，从而巧妙地展现了空间的深度。洛佩兹精确地记录了马德里这座城市正在慢慢消失的高山田野，无形中成为了历史的见证，同时也表达了画家对于这座城市的真情实感。

图5-26 《托梅略索的圣莉塔街》

图 5-27 　《由拉玛利西奥萨峰看到的马德里北部》

洛佩兹的绘画空间并未完全按照传统绘画的透视原理进行构图，那种严格运用焦点透视方法来展现画面空间的方法，更偏重于雕刻与建筑的空间框架，然而这种再现三度空间也并非画家的最终目的。因此，画家在创作的过程中也会根据画面需要，灵活地变换视点，这其实是综合了多点透视的观念，同时直观展现写生时所感受的现实空间。例如，后印象主义和立体主义的内心主观的空间想象和自由的空间观念所追求的是绘画空间表现中感受到的真实，并非客观现实的真实。在绘画空间的表现中，为了保留客观物象在空间中的真实感，洛佩兹小心地组合移动视点后得到的空间假象，呈现自然的空间状态。这样就使传统意义上焦点透视法的空间思路被打破，适度的综合多点透视成为组合深度空间的表现形式。洛佩兹小心地保持了原有的客观空间的存在方式，用科学平衡的分析，达到感性与理性的结合。

在一系列关于浴室的创作中，洛佩兹打破常规透视，采用多视角的组合并突出几何形结构。由于创作作品《洗漱池和镜子》时更加愿意贴近真实对象，这造成了物体的变形，画家不得不对近距离的视觉扭曲进行修复，但画家并没有因为空间的矫正而刻意去制造连续性空间的假象。画面两块空间的拼接使观者的视线焦点变得很有意思，我们会发现镜子是平视角度表现的，而洗漱池却是俯视角度描绘的，这样就出现了一个视觉的错觉。这是画家近距观察的结果，但他并没有直接修正，而是加入一块中间地带。从视觉逻辑的角度来看，镜子和洗漱池的摆放是合情合理的，使观者被自动地带入空间，犹如身临其境。因而，洛佩兹的作品明显带有现代主义绘画的因素，现代透视学观念将物象从自然空间中分离开来，进入艺术家的思维世界，它将外在世界与内在精神相合，具有重要的现实意义。

二、中心平衡的几何形分割

在绘画空间中，各物象间相互平衡的关系是通过画面内在结构所表现出来的视觉样式的力场作用表现出来的，而这种作用使空间运动起来。阿恩海姆在讨论由位置所产生的知觉效果时，不由自主地注意到画面中的因素应该如何分布才能达到一种平衡的状态这一问题。从物理学的角度分析，如果作用在同一个物体的各种力在分配后相互抵消，便可达到平衡的状态。但我们若要将其在绘画中表现出来，就必须要符合知觉平衡的原理，由物体大小、色彩关系、方向等因素所造成的视觉平衡，与相对应的物理平衡会有所出入。对于一件平衡状态下的艺术品构图来说，其形状、位置、方向等诸多因素都是符合整体结构状态的，而整体的平衡是由大量微小的中心之间的平衡构成的，并且每个中心力的作用都是平均分布在画面中的，所以这样的分配方式使空间节奏按照大小和离中心位置的等级排列，其最终结果是构成一种"抵偿"或"抵消"的力，这是绘画中不可或缺的因素。阿恩海姆对于平衡艺术的论述是基于对格式塔心理学的研究而形成的。我们认为，任何一件具备永恒性、和谐性与统一性的艺术品，必定是基于平衡状态下美学原则的。例如，在拉斐尔的作品《西斯廷圣母》（图5-28）中，三角形的结构就是隐藏在复杂结构背后那个典型的格式塔下的平衡艺术，我们需要通过图形的简化才能察觉到画面的平衡状态，它是集合了重力、方向与方位三种要素在内的一种复杂的结构状态。

图5-28 拉菲尔《西斯廷圣母》

洛佩兹借鉴了画家卡洛卡拉作品里的结构形式，很好地继承了平面性分割的平衡思维，因此他常在其绘画作品中大多采用对角线构图和对分式构图。我们知道，处在中心位置的结构最为脆弱，这种分割会造成画面整体的断裂，使其看起来支离破碎，但是洛佩兹就很好地控制住了这种局面，因为他的设计是极为用心的。在洛佩兹的作品《卢西奥的阳台》（图 5-29）中，我们可以看到画家并没有受画布尺寸的限制，他通过拼接的方式加大了画幅，但是这样的拼接并不是直接加宽或加长的，而是多次调整大小不一的画布而形成的，所以画布衔接的部分都有明显的分界线。这样的改动造就了一种视觉上的平衡，使其看起来像没有被分离过整体。画面的中心被刻意分割，看起来有些突兀，但没有让人感到不和谐，反而像是近处的某种物体，它的存在支撑并凝聚了整个画面，使每个被分割的几何块面没有分散开来。

图 5-29《卢西奥的阳台》

在作品《马德里市郊》（图 5-30）中，洛佩兹绘制的是在阿莫多瓦山上看到的马德里的城市风光，表现的是城市与乡村的连接处。在这幅作品中，首先映入眼帘的是撑满画面的中心圆形，由于原来画面的三分式分割和主体物面积偏小，整体分散、不沉稳，所以通过与方形空间的配合，圆形的框架结构压缩了空间深度，让空间和物体具有一定的连接性，展现中心的力量，强调了稳定性。圆形具有天然的向心力，它使观者将所有的视点汇聚在画面的中心部分，并且张力均匀，给人以饱满、完整的感觉。

图 5-30　《马德里市郊》

三、多层次的技法

空间语言的表达体现在画家对造型、色彩、笔触、光线等技法的运用上，洛佩兹将各元素进行多层次组合，从而形成稳定的整体框架，这也是他能超越单纯写实技法的原因。

首先，在造型的基本元素点、线、面中，洛佩兹采用了分离与组合。阿恩海姆讲到，在生活中，我们可以根据某些现象的产生而做出解释，形体的"简化"是主体对现象产生的反应，"简化"即是画家对于事物本身某种"秩序"的排列组合的独到见解，一旦幻想于大脑中，就会表达成为画面的独特语言。在早期作品《外祖父和外祖母》（图 5-31）中，从人物造型上，我们可以明显看出画家对轮廓线的"简化"处理：每条线看似从造型中分离开来，呈现的却是下笔意识中的"稳、准、狠"，这使造型看起来夸张甚至变形，这无形中强调了结构意识，增加了人物的庄重感，使其犹如雕塑般厚实。在线条运用上的有实有虚、明暗结合，使形体在空间中有空气感。在《新冰箱》中（如图 5-32），画面是由不同形状又彼此相互独立的线条和色块组成的，但它们形成了整体的关系。经过"简化"到"分离"到"组合"的过程，这些线条和色块最后形成最基本的关系。对于冰箱内部的物品，画家采用松散的笔触粗粗勾勒，在笔者看来，这并非刻意制造一种轻松和随意。

图 5-31 《外祖父和外祖母》

图 5-32 《新冰箱》

其次，在色彩的处理上，洛佩兹极为细腻。在一幅作品中，色彩是带给人视觉冲击力的主要因素。从早期明亮活泼的色彩到素雅沉静的灰色调的转变，象征了他审美意识的不断变化。色彩往往具有心理空间表达的作用，它呈现的是画家内心的发展轨迹。按照色彩的真实性来说，洛佩兹具备很高的色彩造诣。在早期超现实主义时期，洛佩兹的作品颜色强烈、外露，多使用"蓝"和"橙"的补色关系，画面色彩对比也较为强烈，这不仅使画面色彩显得复杂丰富，也为其增添了几分幽默的趣味，如作品《看飞机的女人》（图5-33）。到中后期的作品中，洛佩兹画作的颜色发生了很大的改变，画面色调沉稳而内敛，物体间色彩的对比关系较为微弱，呈现的是更加"真实"的灰色调，这体现了"有意味"的绘画空间语言，强调的是静谧和谐的独特意蕴，如作品《餐具柜》（图5-34）。

图 5-33 《看飞机的女人》

图 5-34 《餐具柜》

再次，仔细观察洛佩兹的笔触运用，我们会发现他有着独特的表现方式，尤其是在他早期的作品中，我们可以看到诸如刮、擦、拼接、重叠等技法，表现的是具有肌理性的美感。笔触往往是空间艺术中语言、韵致、格调、风采的基本表现，在洛佩兹的作品中，我们可以看到他常常通过颜色的堆积所产生的层叠给人一种触觉感，这使观者仿佛看到一个"真实"的三维空间，身临其境，触手可及。同时，洛佩兹较长的作画时间，致使笔触不断堆积，从而形成一种粗糙的表面质感，如此增强了画面物体的丰富性和层次性，并且也是一种时间的印记。

最后，洛佩兹对于光线的运用也是经过精心调整的。我们在研究绘画语言时往往更注重造型、色彩等因素，光线常常会被忽略，但对于洛佩兹来说，光线反而是最重要的元素之一。在其素描作品《卫生间》（图5-35）中，画面呈现的是在卫生间门外的视角，并且描绘的时间是晚上。画中卫生间内的光线较强，而外部空间较暗，但洛佩兹并没有用强烈的对比来突出画面效果，反而用较为弱的对比细腻地描绘每一个细节。房内所有元素的合理摆放加上经典透视的运用，很好地呈现了卫生间的完整面貌。素描手法的表现突出了柔和的光线和深度空间的表现，卫生间外大面积的阴影和卫生间内的光源加之窗户外的小面积黑色，形成了一明一暗的节奏感，增加了画面的神秘感和真实感。同样，在其油画作品《浸泡的衣服》（图5-36）中，洛佩兹更是将光线的变化发挥到极致，作品的细节完美地展示了洛佩兹敏锐的观察力。我们知道，生活中泡在水里的衣服会呈现出不同的颜色，例如浸湿后的衣服和未浸泡的衣服完全是两种不同的颜色状态，另外由于光源的不确定性以及浸在水里的部分在某些角度的观察下还可能会发生光的折射，所以，这幅作品的难度就完全加大了。而洛佩兹不但将衣物浸泡的状态刻画得细致入微，并且将复杂多变的光线完全控制在作品的整体效果中。由于洛佩兹对微妙光线的精准捕捉与观察，所以，这幅作品格外富有韵味。

洛佩兹能够以其传统写实的手法屹立于形式多样的当代艺术中是有其本质原因的。无论是绘画空间语言所传递的神秘性抑或时间性，还是其绘画空间形式的建构，作品所传达给观者的都是独一无二的审美感受。

图 5-35　《卫生间》

图 5-36　《浸泡的衣服》

第四节　绘画空间的精神语言

洛佩兹始终以平凡的主题来展现其作品的精神语言，以传统的写实手法来表达真实空间的生命本质，因而其以带有西班牙传统特色的现实主义风格获得了全世界的认可。随着洛佩兹艺术作品的日臻成熟，他开始返璞归真，寻求艺术与精神的和谐统一，以唤醒对生命的哲思，产生能与这个时代共鸣的沧桑之感。

一、平凡主题中的普世哲理

洛佩兹经常以自己热爱的家人、家、画室，还有他生活的城市——马德里为刻画题材。洛佩兹的一系列艺术作品除了展现其精湛的写实技法，还通过平淡的主题诉说着人类生存空间中的生命与死亡，阐释着社会中能超越国家、宗教、民族的价值。在作品《晚餐》（如图 5-37）中，我们可以看出洛佩兹对任何主题都很关注，包括其他艺术家平时都不在意的事物，譬如宗教、疾病、食物等。他不想因为任何原因去舍弃某种有意义的主题，他想通过这种有意义的主题唤醒人类对社会问题的关注。洛佩兹从日常生活中去审视最贴近视角的场景，例如《晚餐》中表现的仅仅是生活中最普通的正在吃饭的女孩和女人，包括桌子上的一块肉，这和维拉斯凯兹作品中所描绘的正在做针线活的女人一样普通，他们没有去表现多么宏大而壮烈的场景，而是刻画这应该被人关注的现实世界和承担着社会道义的责任。这张作品并没有完成，原因是随着时间而改变的人物容貌已经不可能再恢复到原来真实的场景中了，因而洛佩兹将变化中的真实情况记录在了作品中。同样在素描作品《剩饭》（图 5-38）中，洛佩兹用质朴的空间语言展现了那种纯粹的艺术态度，画中仅仅是对一些即将要丢弃的骨头、饭菜以及餐具、水杯等常见元素的描绘，却诠释着对象的"真实性"。画家借助素描的黑白效果，赋予了画面一种朦胧美和梦幻感的空间艺术。

图 5-37　《晚餐》

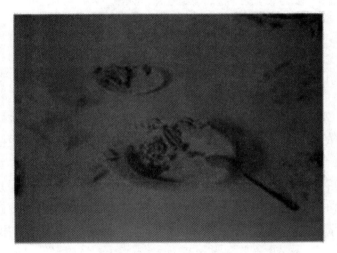

图 5-38　《剩饭》

　　不可否认的是，随着洛佩兹年龄的增长，随之而来的便是身体的健康问题。也许是体检之后，意识到了生命并非是无限期的，很多不可抗拒的因素可能会随时出现在生活中，所以在这之后，他创作了《剥了皮的兔子》（图5-39）。这幅作品表现的是一个血淋淋的被剥了皮的兔子，画家用写实的手法表现出的"真实"的血与肉，使观者看起来不寒而栗。我们可以看到，满身是血的兔子蜷缩在盘子中，孤零零地被搁置在桌子上，并且旁边还有上次摆放的盘子所留下的印记。整个画面构图简洁，利用方圆的构成方式稳固了画面的平衡性，造型精准却表现"随意"，淡淡的灰色笼罩着孤独和寂寥。他没有想过选择用大型的动物来放大这样的主题，因为画面的内涵并不是由事物的大小决定的。

图 5-39　《剥了皮的兔子》

其实，这类主题的呈现往往会使人们感到不安，就像看到了人类生命的脆弱性，它暗含着死亡是每个人生命中的最终命运，如《生病的人》(图 5-52)。我们知道，现实社会中有很多事物在变化，例如环境、科技、政治等，但人类的生命、死亡、爱都是永恒不变的，因此画家其实是借用此类主题来表达在疾病面前的那种深层次的神秘欲望。虽然世间万物都在经历着生命的终结，但是人类要有与之抗衡的意念和信心。当一个画家开始在作品中反思"生"与"死"的意境追求时，他就进入了艺术审美的较高阶段。在呈现这一系列主题的作品时，洛佩兹其实已经展现出了非常成功的空间艺术表达，这些作品代表着最高形式的审美思想语言，体现的是画家对于生命的哲思。

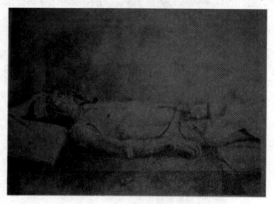

图 5-40　《生病的人》

除了关注到生命的真理价值之外，洛佩兹也同样将目光转向了自然中的草木世界，开放的花朵、成熟的果实是他在选择艺术对象中的又一次突破。

花卉系列的作品更加倾向于小品类型的表现方式，记录的是自然事物中的生长过程，画面看起来的不完整性正是画家对事物发展过程中某一刻的真实记录（如图 5-41、5-42）。对于花卉和植物的一系列描绘，反映了洛佩兹忠于自然和表达内心精神世界的哲学思考。

图 5-41 《花卉 1、2》

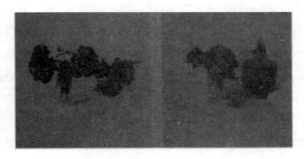

图 5-42 《花卉 3、4》

二、作品中的时代精神

洛佩兹传统写实的现实主义艺术风格与整个西方传统绘画有着紧密的联系，但也保持着神秘的"距离"。他的作品充分具备了独立潜心创造的个性价值，有着属于自己的时代特点，因此，他既是一个传统艺术价值的继承者，又是最怪异的现实主义画家。从美学的角度分析，随着时代的变化，观者对艺术的审美也会随之而改变，而洛佩兹的艺术在当代是被充分认可的，代表的是对其作品艺术价值的再发现和再重视，以及整个时代对于观念表达的反思。西方大师曾说过"唯当代者方可入画"，中国也有"笔墨随时代"的说法。这就要求画家的艺术语言需要发挥时代的特征。洛佩兹作品中的时代精神表现在其充分挖掘平凡事物的神秘力量和真实本质的空间意义，他追求再现真实的三维空间，除了表现当代工业化社会的人性忧郁之外，更有一种像宗教般平等对待生命的人生态度和艺术观念，它能够超越现实矛盾之上，用静观的态度审视人类内心的精神空间。

每个人都有自己做事的方式，每个时代也都有其发展的语言，就当代艺术而言，社会已经不再有固定的一套审美原则了，艺术家通过多元化的表现来诠释着对一个时代的理解。新时代的到来给我们创造了很多东西，同时也很难再界定"艺术"。洛佩兹曾认为当你看到移动的东西时，你可以认为那就是艺术，一个由孩子制作的非洲面具，即使在创建之初并不是艺术，但现在是艺术了。我们说真正的艺术能够唤醒情感，无论是抽象绘画还是具象绘画。从这个角度来讲，抽象绘画和具象绘画没什么差别。在纷繁复杂的艺术潮流中，艺术家独特的绘画语言也就是这个时代的个性符号，艺术作品需要批判的继承和不断的创新发展，才能呈现其所在的时代的精神。洛佩兹在其一生的艺术发展中，充分发挥对艺术的感知力和对艺术的强烈热爱，他不娇柔造作，不随波逐流，也没有华丽的语言，有的只是平凡而真实的恒心，他用自己朴实的艺术作品表达了自己，也诠释了世界，这正是一个时代精神的魅力所在。

　　洛佩兹独特的绘画语言受到了不同国家艺坛的关注，中国也不例外，究其原因，是洛佩兹的艺术语言与中国艺术的神秘有着相近的特征，有着强烈的思想共鸣。中国正处于艺术大发展的时期，既是人才辈出的时候，也是容易变得浮躁不堪的时候，中国艺术应正确审视整个时代带来的优势与劣势，用平静的心态展现真实的自己，真正做出一种超越时代价值的时代精神和个性化符号，不可以泛泛地美其名曰"当代性"或"个性化"。洛佩兹对艺术执着追求的态度和不为潮流轻易改变的艺术观念造就了其深厚的艺术修养，同样，对于中国的青年艺术家来说，这种艺术观念也是一个值得思考的艺术课题。

　　在近些年里，画家洛佩兹以其出众的艺术天赋和充满灵性的创作理念被更多人熟知并模仿。他延续用传统绘画语言进行创作，却仍然可以在艺术多样化的时代脱颖而出，其艺术作品充分具备了强烈的独特性和时代性。

　　洛佩兹的绘画空间形式虽以传统绘画的手法表现，但画面的形式感也充分具备后现代主义绘画的艺术手法，他追求真实的三维空间，却有着抽象元素的融合，这是他独特的审美态度的体现。洛佩兹绘画作品中的空间语言特征使画面的整体结构和情感要素充满张力。画作的构图虽简单传统，却隐含了难以言喻的神秘感，其中的自由和自信让观者流连忘返，这源于洛佩兹虔诚的艺术态度和对生命真理的探寻。正是由于这种探寻，作品独特的空间艺术语言才得出形成。

　　对于洛佩兹来说，光阴稍纵即逝，生命的美好在于用艺术诠释人生的真谛，而不需要华丽的语言，只有永恒的信念，只有如此，才能在纷繁的世事中，默默地表达着自己以及自己眼中的这个世界。

第六章 洛佩兹具象绘画语言

第一节 多视角组合

艺术家要重视形式的选择，要不断地探索形式所带来的美感和表现力，探究属于自己的独特的艺术语言。如果一件艺术品能够做到内容和形式的完美结合，那么它就有很高的艺术价值。

绘画是一门视觉艺术，洛佩兹对于艺术的不断追求，主要体现在多个视角上。无论画家以何种视角描绘对象，它们都是经过加工和思考的。为了使读者能更深刻地理解作品，他不仅研究传统油画语言，还研究素描、着色浮雕、雕塑语言。他对大部分造型艺术都进行了深入探索，并且研究得非常到位。《坐便器和窗户》以生活中的事物为素材，特别自然、真实。这幅画是将卫生间的两个方向的物件放到一幅画中，用平视的视角来表现画面的上半部分，而以俯视的视角来表现一幅画中的下半部分。这和正常人们的视觉习惯是不一样的，这也是画家的巧妙之处。他利用戏剧性的构图手法，制造了一个错误的戏剧性效果，表达了他突破人们惯用的视觉思维来观察事物，从而发现那些显而易见的变化的意图。与这幅作品相似的是《洗漱池和镜子》。这两幅作品有很多相似之处，它们通过并不常见的上下排列描绘了卫生间的四个方向，两幅作品中都有横向条带。在《洗漱池和镜子》中，横条带对视觉的扭曲起到了修正的作用，使得上下物体的衔接更为自然，但是洛佩兹并不是为了强调视觉的转换。在《坐便器和窗户》这幅画中，这个横条带并没有起到校正空间的作用。《安东尼奥·洛佩兹·托雷斯之屋》《托梅略索的房间》等作品也同样采用多视角的组合，只是表达得更为含蓄和隐秘，看不出来有任何痕迹。他作品的纵深感很强，观者的注意力很容易集中起来，多视角的组合反映了洛佩兹对构图的创新，是视觉本能反应的创造。

洛佩兹很会布局，对画面的设计也很用心。例如《新郎和新娘》（图6-1），画中两个人物一高一低，整体重心偏右，打破了画面的枯燥感，增加了画面的趣味性，作者故意把新娘的位置加以提升从而使她占据画面的主体地位。该画作中的人物造型整体圆润，方圆交错得很巧妙，人物比例故意失衡，表情细腻，展示了新郎新娘内心的幸福。再如《玩耍中的卡门》（图6-2），这幅画的构图也非常有意思。洛佩兹选择了俯视的角度，扩大了视觉范围，将视线平移至画面的上方，画中被近似平行的长直线分成三个部分，各自的面积都是按其在画面中的重要性随之递减，几个清晰短小的竖图形打破了横向的大面积空间，主画面的上方是真实的花园和房屋，最上面的是渐渐与天空融为一体的远方风景，下方则是卡门在玩耍时的情景：画家的妹妹正在摆弄一些迷你的小家具、小床、小缝纫机。这些方形、圆形、曲线、直线等都在造型上强化了构成因素，而且这些因素在画面上安排得很讲究。由此可见，洛佩兹巧妙的布局使画面既活泼又有趣，既稳定又有力。

图 6-1　《新郎和新娘》

图 6-2　《玩耍中的卡门》

虽然洛佩兹画作不多，但是张张都是精品。从开始从事绘画时，洛佩兹就找准了自己的目标，那就是要向大自然学习，学习大自然、表达大自然是他一生都追求的目标。经过长期的探索和研究，洛佩兹发现大自然是那么奇妙、复杂、多彩，他觉得只有坚持具象写实才能捕捉更真实的大自然。洛佩兹的具象写实不逊色于任何一个写实画家，在他的静物画《托梅略索的房间》以及人物画《玛利亚半身像》《祖父与祖母》，或者是全景式构图的风景画《马德里南郊》《从瓦莱卡斯消防塔眺望马德里》中，小到画一棵树，一朵花儿的造型都很真实感人，且表现有力。洛佩兹在不断地挖掘和探索物体内在的生命力。在构思上，他首先是用自己独特的观看方式，营造出一种幻象，然后根据物体的特征和画面的需要，经过大脑的思索，最终把物象整合到一个画面中，这种整合不是简单机械的随意拼凑。如在《餐具柜》（图 6-3）这幅画中，餐具柜几乎占据了整个画面。洛佩兹利用柜子大面积的体积来稳定画面，柜子下方木门紧闭着，表现得很沉稳，下方的色调深沉，与上方透明的玻璃柜子形成对比，墙上几处斑驳的肌理显示了这个家具的古老，从而给人一种静穆的氛围。画家利用娴熟的手法对餐具上的玻璃做了巧妙的处理，此外，还对柜子投射到墙壁上的阴影做了细致入微的刻画。《剥了皮的兔子》和《餐具柜》在主体物占画面面积的大小上刚好形成对比，《剥了皮的兔子》只占画面不到 1/5 的面积，但是洛佩兹却对它进行了极致入微的描绘，整体简洁平衡。

图 6-3　《餐具柜》

我们可以很明显地看出他的作品就是对他生活的反映，他的绘画题材从未脱离过周围的环境。他善于观察周围的事物，善于表达自己熟悉的人物。

洛佩兹热爱自己的家庭，关注家里的每一个角落，仅仅围绕着他在马德里的家，他就创作了很多作品，如《浴室》《餐具柜》《卫生间》《洗漱池和镜子》《坐便器和窗户》《窗》，等等。这些看似很简单的题材，却被洛佩兹描绘得很温馨和安逸。这几幅画的画风是一样的，用笔很细腻和写实，色调清冷朴素，他用这样的色调表达出了自己对生活空间的思考。新的生活环境给洛佩兹带来了新的启示，他对环境充满了新鲜感，并对新的空间也充满了好奇，这些因素都归功于他对美好生活的热爱。如果以上五个作品放在一起，观众会发现自己真的似乎被画家带入了这个人为拼凑的房间，在这个房间，观者可以仔细阅读这些琐碎的生活细节。

在人物画的题材上，洛佩兹主要选择自己的家人，例如他以妻子玛丽为题材创作了《玛丽半身像》，以自己妹妹卡门为主题创作了《卡门首次参加圣餐仪式》（图6-4），以及《外祖父与外祖母》《祖父与祖母》。洛佩兹的《卡门首次参加圣餐仪式》是一幅木板油画，画家很巧妙地安排和布置了创作作品中画面的构成关系。通过房屋的透视线，人们的视线正好指向女孩的头部，这样，女孩的主题形象就凸显出来了，然后人们的视线从中心人物向四周展开。

图6-4 《卡门首次参加圣餐仪式》

在题材的选择上，他的全景式构图也是独树一帜的。《马德里南郊》（图6-5）就是一幅全景式的构图，呈现的是一种全新的艺术反思和挑战。绘制全景式的画作，要对画面构图和画面主题进行选择，这非常耗时，有时需要几年或几十年。《马德里南郊》这幅画就创作了20余年，有些场景在此期间被改造，最终他只能借用照片来进行刻画。因此，他的画就成为对一个时代的记忆与阐释。这幅画细致入微地刻画了光线的层次，表现了空间感和距离感。马德里不仅仅是被建筑物占满的空间，它还是一种氛围。自然光和烟雾混合在一起，视线被压低到画面下方，俯视的角度拉大了距离，画面上方是大面积的天空。

图6-5 《马德里南郊》

洛佩兹是一位勇于探求问题和发现问题的具象写实画家。他的素描、油画、雕塑都含有各自不同的力量。洛佩兹的艺术作品始终带有他自己对于身边生活的热爱，对周围亲人的感悟，对宇宙和生命的哲思，但这些并不足以使作品具有更高的艺术性。我们知道，直到印象派出现，画界才有了一个可以共同分享的艺术性。每一个时代都会出现一种新的技艺或技法，它会在当时被过分重视与好评。20世纪，生产力的迅速发展为艺术的发展带来了很多有益的东西。一切形式的表达都是为内容服务的，作品所表达的思想和情感是画家内心深处所要呐喊的最强音，洛佩兹所表达和传达的思想是永久性的，那种空灵、静谧的氛围牵引着我们每一个神经。

第二节　灰色系色彩

颜色是绘画中最重要的元素之一。在绘画中，它不仅能为造型服务，也能给人视觉冲击，艺术家也赋予它更多丰富微妙的功能。洛佩兹一直都很讲究在绘画中对色彩的控制和对整体色调的把握，一幅画的好坏不是看一两笔颜色的点缀，而是看整体的色调的把握。光源强弱的不同就会造成色调的不同，光线强的时候会呈现出亮色的调子，光源弱的时候会呈现出暗色的调子，那么处在中间的则为灰色的调子，洛佩兹用色彩来表现画面中的精神追求，从而表达自己内心真实的感受。

洛佩兹早期画面的特征是在色彩上偏表现性的，色彩比较明朗和活泼，画风轻松大胆，溢情于外。例如《看飞机的女人》《新郎和新娘》等作品用笔浑厚，画家用色块进行堆积，在厚厚的色层上反复覆盖，形成了很强的肌理效果，使色彩更加丰富。

洛佩兹在其绘画作品中对补色的运用也非常到位，他前期的作品色调张扬，对比强烈，画面很具有视觉冲击力，如《剥了皮的兔子》这幅静物画。从中，我们可以感受到洛佩兹对补色的运用已达到了一种很高的境界，补色偏重的是色彩明度和饱和度的对比，而相对于补色，互补色则是在明度和饱和度上更加和谐。从20世纪50年代后期的超现实阶段到60年代的自然真实阶段，洛佩兹意识到用鲜亮的色彩并不能完全准确地表达自己内心的真实想法，反而显得很苍白和无力。于是，他开始放弃纯度较高的色彩转而开始使用灰色调子，这些灰色调子比较含蓄内敛，不像那些纯度高的色调一样过于外露。此外，洛佩兹表达的画面也越来越含蓄，例如《死亡的女孩》。这幅画的色调呈现的是一种和谐的灰色，盛放小女孩尸体的棺材打破了常规而被放在了静悄悄的城市马路上，让观者感到不寒而栗。这种画法制造出了一种静穆的感觉，它非常真实，甚至给人一种在梦境中才能感受到的悲伤和凄凉。

洛佩兹作品的色调主要是灰色，因为灰色非常稳重，他都用灰颜色描绘天空、街道、砖瓦等建筑，从而使颜色表现得很素雅。他个人艺术风格的一个重要组成部分便是这温和低调而又不失华丽的色彩。灰色给人的感觉是古朴、素雅、含蓄的，同时，它有强大的表现力量，好多画家都很喜欢灰色。当然，由于每个艺术家所要表达和传递的情感不一样，所以每个艺术家所钟爱的颜色也会不一样。灰色是精妙的，它能给人带来舒适的感觉；灰色又是含蓄的，它不像亮色那样的跳跃。灰色能给人无限的遐想和精神上的惬意，面对一幅灰色调的油画作品，人们会情不自禁地陷入沉思，它会让你的大脑跟随画面的意境慢慢展开想象。洛佩兹的用色源于自然又高于自然。洛佩兹在色彩上的造诣和对色彩的把握都很到位，他能够充分利用色彩的表现力来表达自己想要表达的一切。

洛佩兹不守旧，也不会跟风地选择不适合自己的色调。洛佩兹的作品往往是看上去很平淡，但仔细品读后，观者会慢慢体会到他对画面色调的精确把握。洛佩兹在绘画中巧妙地把握色彩的色相关系、明度关系，并在它们之间补色穿插，这使每一张作品的色彩无论在绘画性还是在人文性上都显得相得益彰。从某种程度上说，洛佩兹更像一位魔术师，在自己的舞台上变幻着"色彩"。洛佩兹用最真诚的语言来表达自己最真实的情感。

第三节　民族传承与现代感

一、绘画语言的民族传承

20 世纪的世界画坛可谓风云变幻。这一时期可以说是人类绘画历史上同一时段内流派最多、纷争最激烈的时期，它如同一个万花筒般异彩纷呈。随着科技的进步和时代的发展，在经历了抽象艺术、影像艺术、装置艺术以及行为艺术等艺术形式的洗礼后，艺术因越来越脱离人们的生活而越来越被质疑。这些现代主义艺术过分强调观念，过分追求主观臆想，最终只能因脱离生活而被时代所湮没。在这样的背景下，人们对视觉形象的重视以及对文化传统的重视都使具象绘画顽强生存下来。

后现代艺术时期，即 20 世纪 60 年代以后，架上绘画特别是架上具象绘画日渐被人们重视起来，一些重要的具象绘画艺术家，如安东尼奥·洛佩兹·加西亚、巴尔蒂斯、贾克梅蒂等也日渐被大众所认识。这些艺术家坚持通过具象艺术形式来表现生活，并根据现代背景及科技发展水平等一系列客观因素进行创新与探索，力求找到具象艺术的发展新路。他们看到了抽象艺术日渐表现出的缺点，并对传统进行重新研究及发掘，还融合了现代主义的各种因素，力求与时俱进。

事实证明，不论是何种艺术形式，只有互相之间的兼容并蓄、与时俱进、不断创新，才能永葆活力。这种新兴的、富有表现力的新具象绘画在后现代主义的夹缝中得以生存，预示了新具象绘画有更广阔的发展前景。

洛佩兹在大学期间接受的是典型的传统教育。在他初露锋芒的 20 世纪50 年代，虽然潮流的绘画艺术受到当时大众的追捧，但传统的表现主义绘画在欧洲仍然有一定地位。钟情于具象绘画的洛佩兹也不可避免地受其影响。在创作初期，他的作品在表现形式上与传统精神保持了较好的一致性。《看飞机的女人们》是洛佩兹大学毕业时的作品，该画着重描绘了一个正在仰望天空的瞠目结舌的女子坐像，并引申出一幕纷繁复杂的定格式的社会场景，呈现了一个危机状态下伤感的社会面貌。从画面中，我们可以看到年轻的洛佩兹已经领会了传统的造型语言和构图样式。这幅画形式感很强，且构图完美，用笔老练，在有限的空间里，画家运用轮廓线和形体的紧密穿插，为我们营造出一种"似是而非"的奇特效果。

洛佩兹不像一些同时代的艺术家那样轻率地投身于各种前卫艺术潮流，

他尊重绘画的本体价值，坚持传统绘画中的某些恒定性因素。具象手法与写实风格成了他最鲜明的艺术特点。同时，随着画风的成熟和对周围事物认识的加深，他不断为作品注入自己内心深处的真实力量，如《托梅略索的房间》。画家采用素描的方式，以摄影特写般的构图和灰淡的黑白色彩，成功地表达了自己伤感、孤寂的情绪。

洛佩兹艺术创作的精髓体现在他对传统艺术的继承和创新以及对周边艺术环境的借鉴上。他的艺术风貌继承了传统，又不脱离时代的特色。例如，在对色彩的处理上，他寻求到了古典绘画和现代绘画的一种新的平衡。现代绘画通常强调画面色彩的强烈对比与构成意识，而洛佩兹却减掉了画面中厚重的色彩，以整体的平淡柔和来呈现身边的事物，在给人现场感的同时，又超越具体场景的限制，让意象直驱观者的心灵。《洗漱池和镜子》和《坐便器和窗户》是洛佩兹描绘马德里新家中卫生间的作品，清冷质朴的色彩和细腻写实的笔法，体现了他对新环境的好奇与思考；高明度整体协调的灰色调，又让观者的视线游走在这熟悉却又生疏的场景中，从而与画家的心绪产生和谐的共鸣。

二、绘画语言的现代感

由于洛佩兹的艺术表现手法中有许多古典的成分，所以我们很难将他的写实风格与当代绘画联想在一起，洛佩兹艺术创作的取材大多来源于身边的事物，所表现的画面确实具有现代感和现代性的。

在《卡门首次参加圣餐仪式》《玛利亚的肖像》《祖父祖母》等人物画作品中，他用纯净温和的笔调向我们展现了漂亮的妹妹、可爱的女儿、慈祥的祖父母；在《洗漱池和镜子》《坐便器和窗户》《卫生间》《浴室的门》等卫生间题材的作品中，他把自己孤独沉寂的思考融入了平凡的生活细节，引发观者的想象和共鸣；在《马德里南郊》《格兰维亚大街》《从瓦莱卡斯消防塔眺望马德里》《从马里乔萨峰看马德里以北》等风景画中，他花费大量时间反复琢磨和修改，为马德里城营造了恒定、持久、充满诗意的美感。

洛佩兹的艺术创作根植于现代生活的土壤，在他眼里，温馨的家庭生活、浴厕的设施、马德里四季的街景、庭院的果树果实等都值得用心去呈现。经过反复的思想提炼和独到的技法处理，洛佩兹让沉寂的生活主题投射出动态变化的时代背影，这充分体现了他个人的独特视觉以及高超的画面经营理念。

艺术应当是新颖的，否则就不是真正的艺术。所有的艺术都是来源于生活的，新具象艺术家们就抓住了这些抽象艺术越来越忽略掉的因素，对传统的具象绘画进行创新，从而衍生出了多元化、现代化的新具象艺术，这也就符合了艺术新且好的理念。

　　首先，所有绘画形式的变化最初都是要具有较为扎实的传统绘画功底，即便是抽象绘画也需要传统具象的铺垫才能完成，如上文所论述的，一件优秀的艺术品一定是即具有抽象因素又具有具象因素的。其次，具象绘画的构图形式及表现方式是值得我们初学者仔细研究并借鉴的。造型基础及构图形式是学习一切绘画的前提。最后，新具象绘画是一门具有极大发展潜力的艺术，它同人类具有天生的亲切感，更容易被人们所接受，而且新具象艺术不论在题材上还是技法上都吸收了现代主义的优点，极大地丰富了其表现形式，这是对现代艺术的一种超越，学习并探索新具象艺术是时代发展的必然。

　　新具象绘画不仅在艺术领域上拓展了具象绘画艺术，而且在形式、题材和技法上也都进行了改革创新，为具象绘画开拓了更多的绘画特征。最后，在形式上，它打破了传统写实绘画的局限，在艺术创作中运用了现代主义对形式的探索方法，拒绝将注意力集中到纯粹的形式上。其次，在题材上突破了传统意义上的领域，在构图方式上打破了传统，不再过多集中于主体物。再次，在技法上，它对传统具象绘画的技法进行了发展和丰富，并充分利用现代发达的高科技产品，如照相机，追求区别于摄影的技术方式，妙用肌理就是其中一种表现方式。这些都为新具象艺术注入了新鲜的血液，让它更具生命力，为具象艺术在今后的发展提供了技术支持，其意义深远。

第四节　神秘感与崇高感

　　在 1956 年至 1965 年间，洛佩兹的画风由表现主义转为超现实主义。他开始尝试将"超现实主义"融入绘画，在对场景和形象进行精细客观描绘的同时，有意识地加入一些假想或夸张的元素，将作品引向非真实的梦幻想象之境，以使其显得非常生动。他把看起来似乎毫无关联的作品拼接到同一作品中，用隐晦的叙事手法，制造出令人难忘的印象，从而传达一定的象征意义。洛佩兹早期作品《死去的女孩》是超现实主义风格的代表作。画中，他将女孩置于敞开的棺木中，周围是人为营造的肃穆环境，似乎有张报纸被风吹入了视线，这为前景中传统的静物构图增加了隐晦的神秘感。

　　20 世纪 70 年代初期以后，洛佩兹的静物作品中呈现出了"静默的生疏感"。此时的洛佩兹发现，静物可以被赋予深刻寓意，表现出人类生命的内涵。他的作品《剥了皮的兔子》（图 6-6）所画的是一只被剥了皮的兔子，描绘了血肉与死亡。那只兔子被孤零零地放在一张破旧的桌子上，恰好可以摆满带荷叶边的浅盘，旁边还有上次因摆放位置不同而留下的一圈血印。洛佩兹在此前曾有关于食品储藏室主题的作品，那时悬挂着的死兔子就已经是他静物画中的一个重要元素了。画家通过死亡的兔子，暗中向我们传达了生命尽头的残酷性与必然性。对生死的追问和对生命意义的思考是反复出现在洛佩兹画中的象征主题。"超现实主义"这种隐含幻象的现实主义就是他早期绘画中回应现实的一种方式。通过作品完成心灵与自然的诗意沟通，展开对生命和现实的反思，是洛佩兹作品的主导思想，并且从未改变。

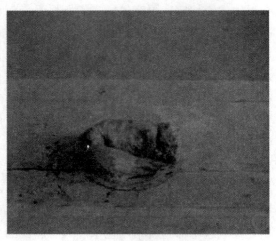

图6-6 《剥了皮的兔子》

探讨神秘的特质必须从人类的文化史及整个文艺的进化史着手。文艺作品中的动人之处常常在于其表现了自然中蕴藏的神秘力量，亦即用文字或图画等形式开启或展现了那种被遮蔽的、不可见的存在力量。这种自然神奇的力量有强大且撼动人心的奇妙能量，而人类在精神特质上也有种种私密的感性力量，这种特质的神秘性是不言而喻的。洛佩兹作品的神秘力量也是源于这种人与自然在精神上的交互运动所产生的。在洛佩兹对物进行深入观察的过程中，"物"的遮蔽即"隐"逐渐"显现"，是一种使"不在场""在场"的历程，亦即物象的诗性在画家凝神观看过程中"澄明显现"。在此，艺术家的"自我"似乎消失了，成为一个纯粹"表现"物象的工匠。其实这种想法有甚多谬误之处，艺术家身为观看者，在绘画过程中，个人的精神亦在画面中凝结，"物"与"我"在画面中成了一种我中有你、你中有我的状态。此时"物"的"存在"和"我"的"存在"是同时"在场"的。这种境界和东方"天人合一"的精神是一致的，是物我合一且兼容并进的状态。《马德里南郊》创作的二十年间，城市不断改变，洛佩兹却仍然执着于那曾经存在的真实，这使他成了时代境域的展现者，城市的呼吸在他的画面中冻结了。在画中，画家的存在与城市的存在相呼应，城市承载着人类的生存。而洛佩兹则用反复观看的方式，让城市的真实澄明地涌现出来。他的作品是城市对他的一种回报，城市凝结镶嵌在他的画面中，成了一种永恒的见证。洛佩兹喜爱的主题，例如破旧的工作室、厕所、浴室、不起眼的榅柏树、荒废的城市角落等在一般人看来是枯燥平凡的对象，他却总是能在平凡中见伟大，在不起眼的对象中发现其深刻动人的奥秘，并赋予他们诗意的神秘性，这正是他的作品中所体现出的魅力之源。

第七章 洛佩兹绘画艺术的现代性

第一节 洛佩兹绘画作品的材料感

20世纪绘画有一股强大的趋势：将图画表面带回到清晰可见的程度。材料自身价值的独立性，是现代艺术发展的重要标志之一。如今经过完整的技法和材料的变革，西方架上绘画已经进入多元的综合材料绘画时代。洛佩兹绘画的材料感是明显的，他从不隐藏画面是由材料制作而成的这个事实。外显的材料也成为他的画面要素之一。

传统写实绘画是用颜料模仿物体的光影变化，从而形成一种视觉上的真实，但这是一种对于真实事物的模仿，让观者感到仿佛看到了真实物体，在此材料成为模仿真实性的手段，为了达到这种欺骗性的真，材料本身是需要隐藏的。材料本身的暴露是对于这种欺骗性真实的破坏。在绘制写实作品的过程中，有些画家要用细砂纸加煤油对画面进行打磨，并通过绘画表面的平整来隐藏绘制过程留下的材料感。随着艺术思维的转变，艺术家开始慢慢丢掉传统绘画烦琐的制作过程，绘画的材料也不再被刻意隐藏，材料成了有独立审美价值的元素。

一、洛佩兹绘画作品的材料感

（一）材料表达的相对隐匿

洛佩兹绘画作品的材料感是相对隐匿的，因为他的作品太真实了，有人形容洛佩兹有着镜头一般的洞察力。作品中的材料感依然是为这种真实感服务的。洛佩兹绘画的表面大多是不平整的。所以，他经常用木板这种比较坚固的材料作为绘画的载体。

以《餐具柜》（图7-1）为例，画面的每一块区域都是用颜料在画板上涂抹，并通过对照现实中物质的表面、光影而一遍遍调整色彩而得来的。通过与暗部的对比，颜料的亮色自己发出光来，墙上的肌理是在绘制的过程中利用颜料一遍遍堆积而成的，因此有着与真实墙壁同样的质感。在餐具柜上方的墙上，那条竖着的白线是用与画面光线相匹配的白色颜料刷上去的。房顶电线附近流下来的水痕是用相应的颜料，加松节油稀释后甩上去的。稀释后的颜料自然地流淌，看上去很亲切。餐柜左上角的那个光斑十分真实，我们不能说它是模仿得来的，这明明就是它自己发出来的。在餐具柜的下方，柜门的油污感是通过颜料的一次次罩染而形成的。不能说洛佩兹的餐具柜是被动地效仿他者而来的，应该说洛佩兹是通过对于现实物体的观察，利用颜料的表现力在画布上再造了一个现实空间。

图7-1　《餐具柜》

（二）材料表达的相对独立

在观看传统绘画时，观者的目光被所描绘的对象的叙事性与图解性吸引。而在观看洛佩兹的绘画过程中，视线会时不时地被制造出的材料感与肌理感吸引。洛佩兹的绘画不仅仅是为了展示所描绘的形象，更重要的是展示绘画本身。在《埃米利奥和安吉利纳斯》（图7-2）一画中，左边女人的大衣明显有颜料堆积与流淌留下的痕迹。整件大衣像是用综合材料做出来的，画面有明显的平面感。衣服的暗部用暗色代表了一下，给人一种浮雕般的感觉。右边的小孩是用拼贴的方法加入画面的，但是无明显的生硬感，因为整幅画面就好像是用颜料拼贴而成的。

图 7-2　《埃米利奥和安吉利纳斯》

　　洛佩兹画作材料感并不像纯粹综合材料绘画那样突出，他画作的材料是依附于画面所描绘的现实事物之中的，他是用材料形成了一个伟大的现实。材料转换成了真实的物体。这种联系是相对自由的，它通过控制材料来制造光与色，进而改变画面的元素，从而制造出能引起观者心理变化的效果，使绘画摆脱对自然的模仿，变为主动创作，打开了一扇联系写实与表现的大门。艺术家作品中的材料被禁锢在了物体与物体表面的光中，这种禁锢又是不完全的。这种造型的开放性使物质材料有一种将要挣脱形体的力，所以这种材料感也是对时间、生命主题的加强。时光也接受了艺术家，在他的作品中安家，为他的作品注入生命，但同时，时光也不断地啃噬、撕裂作品，想从中摆脱。

第二节　洛佩兹绘画作品造型语言的现代感

　　洛佩兹的作品是写实的，同时他的作品又和传统写实有很大的不同。本节探讨洛佩兹是如何把画面所呈现的效果分解成最基本的造型因素，例如色彩、笔触、边缘线、空间塑造、素描关系等的，同时，也分析洛佩兹是如何通过对造型语言的概括与控制，从而实现画面自身语言魅力的。

一、色彩

　　洛佩兹绘画的色彩纯净而明亮，他常用直接调和颜料后形成的灰色，这种灰被控制在一定的色度范围内。在画面的同一物体上，如墙壁上，这种灰色即统一又充满了变化。画面光线的产生并不是像印象派那样通过强烈的冷暖对比而实现的，冷色与暖色被控制在相当微妙的变化内，同时，冷色处有一种水泥的质感。

传统写实绘画的色彩是为了塑造一个视觉上真实的物体而存在的，为了实现逼真的效果，画家会在绘制的过程中对色彩进行各种形式的罩染，以使色彩变得更加沉着。观者眼睛看到的色彩实际上是把直接绘制上去的色彩与透明罩染结合而得来的复合色，这种色彩是直接调和无法达到的。这种技法使色彩看起来更加接近视觉上的真实。这种模仿使客观内容和形式内容产生了不可调和的矛盾。也就是说，色彩越靠近真实，它就越是无法被创作者主观改动。洛佩兹绘画用的色彩和传统绘画不同。在绘画伊始，他就不是通过色彩，而是通过它们的造型、体积、质感和不同表面之间的距离进行表现。他在绘画中所用的色彩是直接调和的亮灰色，画面中无明显的晕染痕迹，颜料的直接调和使得同一物体上的颜色产生了丰富的变化，这种变化被控制在一定的色度范围内，不至于使色彩感到混乱。直接调和的色彩不经过明显的罩染，这能使画面不会像古典画那样，有一种画面从画布表面整体向内层空间后退的感觉。同时，直接的刻画会使被刻画物体有种从画布的物理表面向前突出的真实。

二、笔触

笔触是艺术家在绘制过程中留下的痕迹。在传统绘画中，笔触主要参与形体的塑造。随着现代艺术的发展，笔触渐渐成为参与画面表现的重要因素之一。作为作品的基本元素，笔触有其自身的艺术形式美。莫奈作品的笔触交织闪烁；马奈的笔触轻快洒脱；弗洛伊德的笔触感凝重而有力度；里希特的用笔使画面出现朦胧的效果。很多中国当代艺术家也都有其独特的笔触语言。

洛佩兹绘画作品的笔触感丰富，耐人寻味。笔触有时以色块的形式参与形体的塑造，有时化为墙壁上的痕迹与肌理，有时又从形体中探出，打乱形体的完整性。在他的画中，观者感觉不到笔触的流动性，一切都是凝固住的。下面将从三个方面分析洛佩兹画面中的笔触。

（一）笔触参与形体塑造

古典时期的艺术大师已将笔触从作品圆滑的表面分离出来，正是这种分离，促使了绘画从叙事性向绘画自身语言的转变。在传统绘画中，笔触是为造型服务的，笔触自身的存在形式在观看中处于受抑制状态。应该说，只要有具象形体存在，笔触就会处于被压制的状态。现代绘画让笔触上升到一种有独立审美价值的地位，它在绘画中的作用越来越明显。

（二）笔触参与过程感与时空感塑造

过程感与时空感是相联系的，过程的叠加，造成了时空感的错觉。前文中提到，洛佩兹的笔触有种切割感，而且没有流动性，像是落笔后就不再移动的感觉。

（三）笔触参与痕迹的生成

笔触参与痕迹的生成，从而使洛佩兹的画面语言更加丰富，使他的画有一种自然生成感。画面中的水痕就是颜料与稀释剂混合的产物，墙壁上的肌理感是用厚颜料以自然的方式堆积而成的。在艺术家的笔下，画面以自然的方式生长，这使画面客观、安静、不做作。他刻意隐藏艺术家作为画面制作者的存在，让画面看上去更加冷静与真实。

形体、过程与时间、痕迹感是融为一体，相互配合的，在对形体的塑造过程中，笔触打破了形体，造成了时间感。

三、边缘线

（一）与传统绘画边缘线的对比

在传统写实绘画中，边缘线是物体轮廓的视觉边界。为了能够使画面空间更加真实，边缘不是以线的形式存在，而是以面的形式向后方空间圆滑过渡，边缘线的起伏顺应人体和衣服的自然起伏，并通过两者的结合制造逼真的空间效果。

洛佩兹绘画作品中物体的轮廓总是很简洁。在《卡门首次参加圣餐仪式》（图7-3）中，小女孩身上盛装的边缘线简洁，甚至是笔直的，头巾笔直地连在两肩，从右侧肩膀到画面的右下角可以连成一条笔直的线条。在《托梅略索郊外的桌子》（图7-4）中，直线感与简洁的外轮廓更是明显，地面也被直线分割。

图7-3 《卡门首次参加圣餐仪式》

图7-4 《托梅略索郊外的桌子》

（二）边缘线简洁带来的现代感

　　边缘的简洁和直线倾向，形成了画面中不明亮的构成感。在《卡门首次参加圣餐仪式》中，从小女孩头顶延伸下来的直线，使这一区域形成金字塔结构。稍稍向右倾斜的女孩使这个稳固的结构有了一丝轻快感。在《埃米利奥与安吉利纳斯》（图7-5）中，女人的大衣被锋利的边缘分割，形成了几何美感，地面也被有意分割出块面，多余的细节被去除。

图 7-5 《埃米利奥和安吉利纳斯》

四、空间塑造

（一）空间平面化倾向

与传统绘画一样，洛佩兹的作品采用焦点透视。在对马德里城市的全景描绘中，洛佩兹完美地展现了空间的深远。但在他的小幅作品，如《卡门首次参加圣餐仪式》《埃米利奥与安吉利纳斯》中，建筑与人物好像只有近大远小的区别，除此以外，整幅画像是处在同一平面上，并没有刻意用色彩拉开人物与背景的距离。洛佩兹在这些画中并没有追求与传统写实相似的空间塑造。

（二）同一画面中的空间折叠

洛佩兹对画面空间的再创造还体现在另一方面。在《洗漱池和镜子》（图7-6）、《坐便器和窗户》（图7-7）中，同一幅画中展现了两个空间。《洗漱池和镜子》有两个视觉焦点，上方的镜子和托架，以及下方的洗漱池。画面在中间有一个转折，使下方的透视感突然加强。艺术家并没有对这种空间变形进行修正，而是在中间加入了一片区域，形成了中间的过渡地带，并保留了部分初稿中的线条，借此记录下了创作过程。

图 7-6 《洗漱池和镜子》

同样，在《坐便器和窗户》中，画面上下空间变形更大。这一方面和洛佩兹早期超现实主义的创作手法有关，即通过不同空间的相互叠加，制造心理暗示。另一方面，洛佩兹并没有拘泥于对真实空间的模仿，而是对画面空间进行再造，从而完成相应的表达。

图 7-7 《坐便器和窗户》

五、素描关系

（一）与传统素描关系的比较

传统写实绘画的素描关系是：为了表现视觉上的真实，从亮部到暗部，甚至明暗交接线，都要被精心地刻画出来，使空间在视觉上达到完整。而对这种明暗的分布，洛佩兹却是从整幅作品的角度做了完整的规划。在《剩饭》（图7-8）这幅素描中，亮与暗被归纳为醒目的两级。整幅作品中所有的亮部都只在有限的灰色调内变化。为了实现这种统一，艺术家控制亮部应有的深色，对暗部处理也一样，这使得整幅画鲜明而整体。

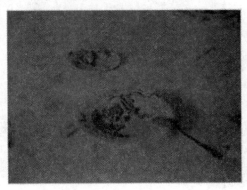

图 7-8　《剩饭》

通过牺牲个体的细节来达到画面整体的视觉冲击也是洛佩兹的特点。艺术家的素描手法也被应用到他的油画作品中。在《卡门首次参加圣餐仪式》中，小女孩的衣服成了画面中整体的亮色，在这个整体亮色中，亮灰的颜色没有因为展示衣服的细节而破坏这种统一性。在《埃米利奥与安吉利纳斯》中，女人的大衣是整幅画的重点区域。衣服自身的明暗变化被控制在两级，有一种平面感，而没有像传统写实那样完成从亮部到反光的完全展示。

（二）对明暗关系的控制

这里结合洛佩兹的素描作品进行解读。洛佩兹的素描有一种空灵的美感，色调呈现出极其丰富的灰色变化，这使作品有种银灰色的光芒，深的色调则被压缩在了极小的范围内。因此，整幅素描作品笼罩在朦胧而诗意的光线下。画面的亮部与暗部各自成为一个整体，在各自的整体中，没有哪一处的细节单独跳出画面，破坏气氛的和谐。画面通过整体亮与暗的大块对比来实现画面的最大光感，使凌乱的场景秩序井然。洛佩兹的作品是通过画面整体的明暗配合来完成画面自身空间感与立体感的表达的，细节在这种整体中是需要被弱化的。就像《画室的三扇房门》（图7-9）这幅素描中一样，整个亮部被刺目的光线笼罩，洛佩兹通过细节的隐藏让零散的房间整体而有力量。这种处理手法也使画面增添了一种虚幻美，在写实中留有一种意境。

图 7-9 《画室的三扇房门》

第三节 洛佩兹绘画艺术创作题材的现代性

一、对创作题材的处理

洛佩兹的早期作品，用类似超现实主义的拼贴手法对现实片段进行组合，并用隐晦的叙事方式制造出某种令人难忘的印象，从而确立了自己的艺术风格，后来被称作"超现实主义"。作品《死去的女孩》是这种风格的代表作。随着艺术家的成熟，他渐渐放弃了这种虚幻的构图。艺术家成熟时期的作品大概可分为两大类。一类是对马德里这座城市的描绘，分别以大幅全景、由郊区入手和单纯对市区面貌进行描绘。另一类是艺术家在工作室内的场景。

（一）描绘视角的现代性

洛佩兹坚持以写生的方式描绘自己看到的事物，这种独特的创作方式，让洛佩兹的作品成了对这个时代人类生存空间的无声记录。现代化的生活用具、室内空间、城市空间都印有这个时代的印记。《剥了皮的兔子》（图7-10）的题材是传统的，前人艺术家有很多对这种题材的描绘，但洛佩兹用现代的方式重新演绎了一遍。除了兔子以外，画面所有的地方都是平整的。这幅画作没有水果与衬布的搭配，简洁的画面略带俯视的视角，使这幅画只可能出现在20世纪。《新冰箱》中对于日常物品的直白描绘，有一种工业社会般的简洁。这超出了通常意义上的风景描绘。

图 7-10 《剥了皮的兔子》

（二）对题材的简洁化处理

这种简洁化处理又分为：对所描绘对象造型因素的简洁化处理（这在造型语言的现代性一节中做了详尽分析）和对所描绘题材的构图方式的简洁化处理。在洛佩兹的所有作品中，我们都能看到贯穿画面的长直线，他没有对所描绘事物进行任何的粉饰性的摆放。与传统绘画不同，洛佩兹的画面从不避讳平整的大块面，而是利用这些块面与直线使画面简洁而肃穆。

（三）对现实题材表达方式的现代性

将抽象的情感注入具体的面。洛佩兹所描绘的对象是真实的，但又超出了单纯的对所描绘对象的观看。洛佩兹的绘画题材，充满了生活的真实，画面中没有明显的个人情感，但观者却看到了一个心静如水的哲人端详着平凡的事物，进行着高深莫测的思考。

二、作品自身的表现力

洛佩兹绘画作品表面的丰富性，成为可以被欣赏的独立个体，各种痕迹、笔触、色彩、肌理都有其自身的表现力，我们一方面看到了洛佩兹细致入微的精彩描绘，另一方面也感受到了作品自身的表现力。他的作品的表现力是紧紧依附在写实的基础上的，物体构成了画面的可视形象，艺术家假借形象进行表现。越是靠近真实，绘画材料自身的表现力越弱。

第八章 洛佩兹绘画艺术的现实意义与价值

第一节 洛佩兹绘画艺术作品的深层情感与启迪

一、洛佩兹与众位画家在"私密"与"情感"上的"异曲同工"

洛佩兹的艺术建立在吸收前人艺术精华的基础上，他通过自我的不断实践创作而提高艺术水平。作为一名杰出的西班牙画家，洛佩兹自然对于本民族艺术前辈的优秀艺术传统有很深刻的研究并继承和发扬了这些传统。另外，将他与其他写实主义画家进行对比分析，能帮助我们更清晰地看出他们之间的异同点，与此同时，也能让我们更深刻地理解洛佩兹艺术的价值与魅力所在。

（一）安东尼奥·洛佩兹绘画对西班牙美术传统的继承与发展

安东尼奥·洛佩兹·加西亚首先是一位画家，其次才是一位来自西班牙地域的当代具象现实主义画家，这些定位决定了他的艺术必定受到了西班牙本土美术的影响。同样，我们可以从他的身上看到西班牙具象现实主义绘画的发展概况与历程。

实际上，洛佩兹走上绘画这条路是因为他的第一位启蒙老师，也就是他的叔叔——安东尼奥·洛佩兹·托雷斯。当时的洛佩兹还是一个孩子，职业是抄写员学徒的叔叔就告诉洛佩兹·加西亚画画是一件美妙的事情，所以洛佩兹·加西亚画出了他的第一幅画。事实上，这位启蒙老师，也是一位优秀的专业画家，洛佩兹说他的叔叔就是一位天才，只是当时的他生不逢时，西班牙战后社会大环境没有给他机会。洛佩兹后来曾多次把他的叔叔画入作品中。他的叔叔为他指明了艺术的方向——进入圣费尔南多高等美术学院学习，以后，叔叔身上的优秀品质在他侄子的身上绽放了。在这里，我们讲洛佩兹·加西亚的叔叔，实际上就是在讲他的艺术是按照什么样的路线发展起来的。他的叔叔当时就致力于肖像、静物和风景的创作。在西班牙内战时期，他叔叔创作的肖像显示出了时间的凝固感。在他的风景画中，他极其精确地捕捉到了曼查地区光线的变化，他用一种不做作、最自然的方式体验了艺术。这种对艺术的追求直到今天都在洛佩兹·加西亚的身上流淌着。

1. 西班牙绘画传统特色

西班牙的美术史几乎见证了西班牙国家的兴衰成败，在它生命的每一段时期，都有画家在画布上把同一时代生活的各位英雄人物体现出来。

在西班牙美术史上，第一位重要的画家就是埃尔·格列柯，格列柯秉承着拜占庭美术的传统，在文艺复兴时期又吸取了威尼斯画派的技法理念，利用透视法使人物鲜活饱满起来。他从提香那里得到了对整体画面氛围的掌控能力。这样一来，在格列柯身上，拜占庭的艺术与文艺复兴的人文主义精神结合了，这为他今后的绘画增添了更多的感染力。后来，格列柯定居在了西班牙的托莱多，把这里当作了第二故乡，此后，西班牙的灵魂注入了格列柯体内，画面造型及光和色都是他心中的视像。另外，值得一提的是巴洛克艺术的代表人物里贝拉，受卡拉瓦乔的影响，他对画面中的构图、色彩、明暗、前后、虚实等都十分重视，作品整体静穆而宏大，他的绘画对当时西班牙本土以及周边的意大利、法国都有深远影响。我们可以看出，西班牙美术是建立在兼容并包的基础上的，是一种融合和开放的艺术。

随后，西班牙又出现了一位美术巨匠——维拉斯凯兹。维拉斯凯兹的艺术受到了鲁本斯和提香的影响，他的画作色彩生动艳丽，但画的背后是一双犀利的眼睛，目光透视了整个社会和人生。在比较有代表性的《英诺森十世》与《宫娥》中，他笔下的形象甚至比被画对象本身还要真实，每个人的独特气质他都捕捉了下来，做到了现实主义的真实。通过对他的介绍，我们又可以知道，西班牙的绘画，无论是圣洁的宗教题材还是平凡的静物人像，都试图捉住其物象本身的真实，抛弃美术上的理想美，追求绝对的"纯与真"，而且这似乎已经成了西班牙绘画的一种传统。

时间到了 18 世纪末，另一位伟大的画家诞生了，戈雅用他鲜明的民族特性和现代性的画风引领了一个时代。戈雅的横空出世，将西班牙绘画，甚至整个欧洲绘画，都推向了一个新的高峰，并且把它带入了现代。戈雅继承了格列柯和维拉斯凯兹活泼的笔法，但相对于以前的那种细致严谨的画风，他采取了一种放松书写的画法。伴随着法军入侵西班牙，以及随后的国内动荡局势，原本理想美好的愿景全都不复存在了，戈雅陷入一种世界观的矛盾中，他无法逃脱这样一个属于恶魔的世界。随后，戈雅的画中出现了一种超现实的元素，显得荒诞又奇幻。这是戈雅的独创，表达的是他内心的不安与无助。戈雅这种在绘画上的探索，正是西班牙绘画勇于探索新世界的精神体现，同时，他所创造的这种荒诞的超现实主义元素也影响了后世的众多西班牙画家。从理论层面讲，戈雅的这一改变使得西方绘画摆脱了文艺复兴体系而进入了现代美术的探索时期。西班牙绘画的先锋性、创新性在戈雅这里得到了体现和发扬。

2. 洛佩兹绘画对西班牙艺术的传承

洛佩兹的艺术生涯经历漫长的演变过程，从 20 世纪 50 年代中期的具象表现主义到 60 年代的超现实主义，再到 60 年代以后直到现在的趋于表现内心情感的含蓄画风。在这几十年里，他不断地探索和吸取前人的精华。在洛佩兹看来，正是有了前人的铺垫，才有了他今天的绘画。当你真正走进他的艺术领域，你将永远无法把自己和他分开，这就是维拉斯凯兹艺术的魅力。

早在圣费尔南多美术学院学习时，洛佩兹就把皮耶罗·德拉·弗朗切斯卡的印刷画挂在墙上进行临摹，这时候的他就是洛佩兹的老师。1955 年，洛佩兹游历了意大利，饱览了意大利各个时期的艺术品，他回来后，将意大利的艺术品与普拉多美术馆和西班牙绘画艺术进行对比，然后发现了在后两者中有一种特殊的力量。维拉斯凯兹画的是人性，而德国和荷兰的艺术家们大多沿承的是一种希腊式的神性，西班牙的绘画则更遵从人纯净的内心感受。洛佩兹将这一点深刻地融入了画中。在融入了西班牙本土的传统之后，洛佩兹的视野变得更为广阔，他知道艺术家应该从美的角度观察现实，并决定哪些东西适合被描述。他了解在世界艺术史中，有一些艺术家达到了一种感人的真实性，比如哈尔斯、伦勃朗、维拉斯、维米尔，等等。当这种对卡拉瓦乔的追寻之风达到最高点时，现实主义出现了。前卫的艺术家库尔贝不仅仅是一名追随 18 世纪早期风格的画家，同时还把这种传统发挥到了极致。当他完成了《奥尔南的葬礼》这幅画时，他知道自己完成的是一幅以农村风俗为主题的绘画。库尔贝的绘画作品渗透出了最严谨的艺术处理。就从那一刻起，绘画不再是一种手段，而成了一种目的。洛佩兹深知这一点的重要性，从某种程度上说，他继承了库尔贝的现实主义，并且在新时代赋予了具象现实主义新的含义。

从埃尔·格列柯开始，历代画家遵循具象现实主义这一路线。洛佩兹的画作经历了从追求神性到追求人性，从表现主义到超现实魔幻元素的出现再到现代的内心具象研究，这个转变过程很贴切地遵循了西班牙的美术发展历程。也许在这条西班牙美术发展前进的路上，起点和终点本来就没有一个明确的边界，当我们看洛佩兹·加西亚最近的作品时，我们会发现，他对一种古老神话时代的艺术追求，连接了中东和远东艺术，并把古代与现代连接在了一起。印度、中国和日本的佛教艺术以及古埃及的法老雕塑与洛佩兹正在雕塑的自己孙子的形象之间产生了密切和直接的联系，新时代的画家又在同古典艺术交流。

（二）洛佩兹与斯宾塞、纳兰霍的比较

20 世纪，虽然具象绘画在世界绘画界早已不是主流，但是有很多画家仍然在孜孜不断地追寻着这条路，而且不少画家已取得了很高的成就，他们都用自己的艺术解释了具象绘画在新时代的含义。下文选取两名具象画家——英国画家斯宾塞和西班牙画家纳兰霍，让他们与安东尼奥·洛佩兹·加西亚做一些横向的对比，通过分析他们之间的异同点以便更好地诠释一下具象写实绘画所特有的价值。

1. 与斯宾塞的比较

同处在欧洲大陆的两位画家，虽然年龄上有些小差距，但是他们都选择了具象写实这条艺术之路。除了地域以及性格上的不同，他们的艺术又有哪些区分呢？我们将对这些差异进行分析。

斯坦利·斯宾塞是一位地地道道的英国人，英国人独有的内敛与深沉在他的身上有很深的体现。斯宾塞几乎一生都生活在泰晤士河边的库克汉姆村，所以他的画也关注身边的生活。与洛佩兹不同的是，斯宾塞对于宗教题材的绘画十分感兴趣。另外，他经过了正规的学院式美术教育。斯宾塞在早期是一位现代主义的画家，他的画中弥漫着一种古怪又浪漫并且与性有关的气氛，这使他的作品在最初发表时引起了极大的震动和争议。斯宾塞的绘画融入了保罗·高更的后印象派主义风格以及更早的意大利文艺复兴绘画的代表人物乔托的风格，斯宾塞有意选择他们作为自己的艺术标杆。在这一点上，洛佩兹与斯宾塞的选择很一致，他们都从早期文艺复兴的艺术中汲取了营养，并将其融入了自己的绘画中。从题材上说，斯宾塞的作品几乎都在利用风景和静物题材来捕捉生活中最朴实的情感。在这一点上，洛佩兹与斯宾塞也很相同。

现实世界的朴实生活有很多情感，如大喜、困惑、愤怒，甚至是恐惧。与许多艺术家不同的是，斯宾塞不喜欢直接表达某种情感。相反，他寄希望于在画面中找到一种天堂的宁静感，以此去救赎自己。

2. 与纳兰霍的比较

爱德华多·纳兰霍与安东尼奥·洛佩兹·加西亚都是西班牙具象写实主义画家，他们毕业于同一所学校——西班牙圣费尔南多美术学院，他们属于同一种教学体系，并且二人的画风都经历了不同风格的转化。纳兰霍的绘画先后经历了印象主义、表现主义、后立体主义和抽象艺术等不同的风格，一直到 1970 年，26 岁的纳兰霍才转入具象写实绘画。他的这种变化比洛佩兹激烈彻底得多，但是，在纳兰霍现在的画中，我们还是能看到最初这些画

派对他的影响，这些元素都已经融入了血液里，包含在了具象绘画这个范畴当中。

在 20 世纪 70 年代之后，纳兰霍的艺术风格大致可以分为两个阶段：20世纪 70 年代到 80 年代的超现实主义。这一时段的追求与洛佩兹在 50 年代后期到 60 年代中期的超现实主义追求极为相似，只是洛佩兹早在 70 年代就已转向了沉静含蓄的风格。在这段时期，纳兰霍与洛佩兹的追求是一样的，都把苏巴兰、戈雅、毕加索，达利等西班牙前辈作为了自己的学习对象，并把看似与现实毫无相关的个体组合在一起，进而表现一种空灵与神秘的感觉，追求一种隐含的魅力。人的梦境，生命的启迪，时空的倒置转换，未来与现实的关系都是两位画家在这一阶段所要表现的意境。如果细细体味，我们会感到两位画家在这些主题中都似有似无地流露了一种对过去的回忆和莫名的哀思，也许这就是西班牙民族血液里的基因，热情似火又温婉惆怅。

20 世纪 90 年代以来，纳兰霍的绘画在继续超现实主义的同时，增添了一种隐蔽的意会性。隐蔽的意会实质上是想表达内心的情怀，纳兰霍这一时期的绘画，纯粹而干净，在物象真实的表达中，渗透了内心的真挚感情。

二、洛佩兹绘画艺术作品私密与情感的深层内涵与启迪

我们可以说安东尼奥·洛佩兹·加西亚的艺术是发源于内心的，是用来表达内心对美的追求的。康定斯基分析，审美追求对画家提出了三个内在的必需原则：第一，作为创作者，每个画家应该表达他所特有的东西（个性的因素），这一点对洛佩兹来说就是他那种独树一帜的艺术追求；第二，作为自己所处时代的孩子，每个画家应该表达这个时代特有的东西，这一点体现在了洛佩兹用自己的艺术对这个时代中的困惑和迷茫做出了诠释；第三，作为艺术的仆人，画家应该提供一般艺术所特有的东西（纯粹和永恒的艺术的因素，它贯通所有人、所有民族、所有时代，这种因素可以在每个画家、每个民族、每个时代的艺术作品中发现，作为艺术的主要组成因素，它超脱于空间和时间而存在），换句话说，这一点体现在洛佩兹是如何继承和发扬具象写实艺术的传统与精神上。

（一）独树一帜——自我艺术价值的定位

洛佩兹身处在西班牙马德里的个人工作室内，一个人默默地进行着艺术创作，不夸张地说，他是一位有些教条艺术风格的画家。他深知自己所从事的具象绘画在世界艺术潮流中处于弱势群体，但是他只遵从自己的兴趣，而没有随波逐流，这就是他的个性。每个画家在他年轻之时都会受到不同艺术

风格流派的召唤，伴随着这些召唤而来的是打开不同的艺术大门，如何面对这些是个问题，但要回答这个问题也很简单，那就是坚持自己所坚持的，保持一种毅力。

对于别的艺术风格，洛佩兹尊重并且欣赏它们，即使这种艺术与他的艺术截然相反。一种取长补短，包容进取的心，使洛佩兹的艺术能够自然而然地在当代找到他自己的艺术价值。综合来说，洛佩兹用自己具有天赋的才气，以他生活的世界，他的家人，他的房屋，他生活的城市——马德里的题材，创造出了属于他个人的"美"，一种独树一帜的内在美。

（二）对时代困惑的诠释

现今这个时代是一个经济大发展的时代，又是一个当代艺术大发展的时代，这个时代带来的是物质需求的极大满足，却导致了大众精神世界的空虚与彷徨，急功近利与浮躁充斥在人们的心灵中。洛佩兹也处于这个时代当中，因为他经历了这个时代的变化，所以他更深知这个时代的病症。想要去宣传什么，或者说点什么，为这个时代的人们带去福音？他没有这样做。他用自己的作品很好地诠释了对于时间的思考。画面中充斥的是一种类似古代大师的斑驳感，整个时代的变迁都在他的作品中。洛佩兹用一种一丝不苟的态度来对待艺术，并将时光的变迁引入画作中，当然，时光也被引入他的画作，为他的作品注入了生命。洛佩兹只用自己无声的艺术，来诠释他自己对这个时代的期望和愿景。

（三）写实艺术的精神与传统

在艺术界，有相当一部分人会批评具象写实艺术，说摄影师和以前的艺术家已经这样做过了，现在还这样一点意义都没有。对于持这种狭隘偏见的人，洛佩兹用自己的才华和敏锐的感受力，将自己的痴迷与发现传达了出来。

洛佩兹主张，写实的过程是对画家心灵的重建过程，写实只是表面，只是手段，而背后所要表达的美和真情实感才是真正的目的，这就是写实绘画的精神所在。每个时代都有优秀的具象写实画家诞生，而他们的产生都不是偶然。每一位艺术家都是在吸收大量前人精髓的基础上，才有了属于自己的绘画语言。不断地探索与吸收是一种传统，洛佩兹用自己的行为承载了这种传统，并且为具象写实主义绘画在当代如何发展交出了一份颇为精彩的答卷。

第二节 洛佩兹油画对高校美术教学发展的启示

一、洛佩兹的油画艺术对高校美术教学的启示

（一）重视师法自然

师法自然就是学习自然，师法自然在洛佩兹的作画方法上体现得尤为明显。我们曾在上文提到，在后期所描绘的城市风景作品里，洛佩兹只选择在相同的天气里的固定的时间段去画一幅作品，这是为了在画中精准地表现出一个时间点的具体色彩，这种特殊表现方式是洛佩兹严谨地观察外光变化的结果，体现了洛佩兹在绘画中直接感受外光色彩，向五光十色的大自然学习色彩魅力的一种创作方式。

洛佩兹这种画法可能使一幅作品的绘画时间长达数十年之久，在这漫长的时间里，洛佩兹耐心体会大自然变幻的色彩，再将其涂抹于画面之上，最终，画面所呈现的就是一种凝固的时光。一幅幅完成了的作品就成了向大自然这个最好的老师所交出的完美答卷。

向大自然学习，可以使我们变得不再浮躁，可以使我们的作品慢慢沉淀起来。

（二）学会体验生活

洛佩兹的叔叔托雷斯在洛佩兹年少时就让他直接描绘生活，而洛佩兹也一直描绘他自己的生活。乡镇原野、城市风貌、亲朋好友以及家居物件都被纳入画面。虽然作品的主题平淡，但是每一张作品都有着画家独特的视觉感受，这使这一幕幕平淡的生活场景变得不平凡起来，这些生活中的点点滴滴显示了洛佩兹对待生活的认真和对细节的关注。在洛佩兹眼中，它们都好像被赋予了生命一般，充满了独特的魅力。无论是宏大的城市景观，或是宁静祥和的乡镇生活，抑或是刻画入微的肖像，每一张画面都凝固了时光，让人感到四季的变幻与世事的变迁。洛佩兹的一幅幅作品就好像一张张电影的分镜头一样，缓缓诉说着洛佩兹自己的私人世界，那一幕幕原本平凡的生活片段，好像告诉我们只要耐心体验生活，平淡的生活也会变得充满魅力。

《木瓜树与阳光》电影对洛佩兹描绘木瓜树的过程做了清晰的记录。这部影片记录了洛佩兹最初的构思与创作的过程；洛佩兹开始用油画写生木瓜树；最后因木瓜树形态变化太快而改用素描去画。洛佩兹不停地修改作品，到最后，作品虽没有画完，但洛佩兹在这反复修改画面的过程中得到满足。我们可以从影片中得知，绘画的题材类型、表现手段、材料技法

等困扰画家的难题在洛佩兹眼中早已不成问题。洛佩兹对画作本身并不在意，他在乎的是画画的过程。洛佩兹通过那棵树来表达自己的感情。在他的眼中，艺术是表达自己内心情感的一种方式，是诠释生命本身的过程，是停滞时光的方法。世界总是喧闹，而在这个喧嚣的世界里，艺术却能够清楚传达出自己那份独特的情感。如果每个人以这样的态度去生活，它就能让我们充满阳光，如果以这样的心境去从事艺术工作，它就可以使我们在艺术这条道路上走得更加顺畅。

二、洛佩兹油画艺术理念对高校美术教学的影响和启示

在艺术多元化的今天，洛佩兹独特的写实主义画风在当代世界艺术舞台上仍然占有一席之地，他的作品影响了一代中国画家。洛佩兹的作品对当代中国写实主义绘画有着深刻的启示，为中国改革开放以来的绘画发展注入了动力。在思想上，他的绘画风格与当代中国写实主义有着以下的共同之处。

（一）创作理念方面

1. 结构主义

洛佩兹的早期作品已经显示出了具象主义的影子，但更多的是结构主义的影子。结构主义又称为立体艺术，强调事物内部都存在着一定的结构，通过对结构的解析，力求全面反映现实。在这些作品中，我们可以明显感受到拼贴艺术对他的影响。

2. 意识流

从洛佩兹的画作中，我们能感受到他对回忆的热衷。他常常出其不意地将回忆与现实生活中遇到的情景进行有效结合，从而体现出意识流的冲击波，这使画面具有扑朔迷离的温情。其很多作品是描绘马德里的，尤其是老街道。这些老街道是承载城市记忆和个人回忆的绝妙场合，具有怀旧和畅想双重作用。他在作品中进行了空间再造，在构图上也做了特殊的处理和安排，这使历史和现实共同呈现、水乳交融，虽打乱了时空的线性秩序，却体现了人生的真实味道。

洛佩兹作品中那种神秘、深邃的经验如同放大镜，照出了短视功利的写实主义如何利用翻译图像的快捷，或者广告的喧嚣的辞藻，驱逐审美的心境表达；照出了庸俗的写实主义如何因面临技术瓶颈，退而采取面面俱到的刻画，来代替对艺术品质的探究；照出了当代写实艺术家缺少对古今中外艺术资源都具有广博的文化理解与实践体验的面目。

3. 艺术多面手

艺术是相通的，各种艺术在跨界中会赢得进步和创新。从其作品中，我们可以发现他的油画和素描作品有着密不可分的关系，他的油画没有西方古典绘画强调的那种和谐的单一性色彩，舍弃了注重用鲜艳色块表现的抽象表现主义形式，也不像把色彩强调得非常高调的印象派，但他作品的色彩变化非常微妙，以至于要用心观摩才能发现。他对色彩有极其细微的态度及超强的把控能力。在他的画作中，色彩往往是真实的灰色格调，他对中间色调做过深入研究。其作品虽归于写实作品，但并不是再现描述对象，而是在增加其艺术性上用足了功，以传达真实内在的情感意图为最终落脚点。我们可以在其作品中明显看到上色之前的素描底稿。他会刻意留下底稿痕迹，而这些痕迹却又完善了画面的结构，充实了空间感。这一点类似中国艺术的留白，乍一看作品是一种未完成的状态，但细看后才知道是画家本人有意为之的，这给人留下想象和解读空间。当看着他笔下诸多真实却又如梦如幻的场景时，我们可以感受到那种游离于视觉。直达脑际的超脱。同时，他也进行了雕塑的探索，创作了很多雕塑作品。雕塑的质感，又成为他画作的显性特征，显示了他多面的技艺。

4. 坚守信念

在洛佩兹生活的时代，文化艺术处于多种思潮交锋、甚至针锋相对的时代。话语权没有在画家手里，而是在具有后先锋倾向的评论家手里，这些人曾经打着哲学的旗号一路高歌，贬低写实主义的传承，而主流文化又向大众倾斜。因此，这种状况给传统写实主义带来了巨大的冲击和解构。此外，社会同样处于高速转轨阶段，人们感到空虚和迷茫，不知何去何从，整个社会弥漫着喧哗和骚动。但洛佩兹没有随波逐流、人云亦云，他虽然在前期受到现代派艺术的影响，但自始至终都在坚持传统艺术价值取向。

洛佩兹用自己的作品昭示了写实主义与具象绘画依然具有蓬勃的生命力。传统绘画依然根基深厚，在艺术的历史长河中有属于自己的难以取代的地位。从他的作品中，我们可以寻找到中国画与西方画相通的领域，可以挖掘其写实具象背后的精神底蕴和艺术品位，从而认识他在现代主义艺术脉络中的独特地位和价值所在，并为中国当代绘画艺术发展路径提供富有价值的借鉴意义。洛佩兹善于将自己的真挚情感注入作品中，并对每一个绘画主题进行独特的解读。这种卓越的特征源其出众的艺术天赋，登峰造极的写实功力，扎实的技法和创造力。

洛佩兹擅长描述身边的事物，他用其卓越的艺术表现力为平凡的事物注入了神奇的魔力和恒久的艺术生命力，他的画作构图精妙，色彩和谐含蓄，对物象研究细致入微，尤其对光线的描绘丝丝入扣，最大限度地体现出写实主义的底蕴。朴实而平常的事物最能激发洛佩兹灵感。洛佩兹的作品以描绘个人世界为主，他所生活的城市及日常用品在作品中扮演主体位置，这一特质对年轻写实画家特别具有启发意义。其作品告诉大家，应从自身熟悉的事物入手进行创作，避免好高骛远。他熟悉那些事物，熟悉他生活的世界，他又怀着极其真诚的心态来面对世界，他将真情实感融入画布中，形成了一种极具个性特质的美感。他的绘画作品描绘了瞬息万变的事物的外表。他在画布上积累起的视觉感受，使画面一种真实而冷漠同时又赋予其触不可及的神秘感。在这个嘈杂纷乱的社会中，如此孤独沉静的作品，给人以别样的视觉感受。

（二）创作技法方面

①洛佩兹早期具象表现时期的绘画，色彩明亮活泼，体现出当时在绘画探索的初级阶段，没有顾忌，情绪外露，热情奔放，洒脱大胆。在颜料的沉淀上体现出厚重的味道，用笔随物赋形，比较随意。当欣赏《看飞机的女人》《新郎和新娘》等作品时，我们可以发现，各种颜色同时使用产生了比较明显的对比，黑与白的对比更直观而强烈。此刻，色层已经比较厚实了，所以要进行多次反复覆盖，凸显肌理的厚重效果，从而助推色彩的丰富呈现。

②洛佩兹绘画中的另一个特色是使用巧妙的互补色。在其早期那些表现性的作品中，他已经基本掌握了互补色的技巧，从而使得画面强烈、明确、外露。如果互补色在比例上使用恰当，画面会展示一种静止的固定形象的效果。人们能够从他后期的作品中更深刻地体会到恰当使用互补色所体现的那种奇特静止状态。

③作为一种注重体味的绘画语言，色彩在绘画中流溢出的独特蕴含和鲜明的视觉冲击力，是其他绘画语言都难以替代的。随着其审美意识的不断沉淀和提升，洛佩兹开始显示出一种由外部呈现向内心深入挖掘的转变过程，其绘画极具色彩质感和变幻的风采。他敏锐地意识到暖色调在表现内在意识时会比较苍白，于是他果断地放弃了偏于外露的暖色调，转而采用能体现含蓄内敛的灰色系列。灰色的运用使画面体现了丰富的内心世界，从而释放出一种特殊的效果。

④多彩的色调能触及人们的心灵世界，发挥心理调节的作用。他选用的是高级灰，高级灰内敛而深沉，且富有涵养，能润物细无声般渗入人们的内心，带给人们淡泊宁静的艺术感受。如果认真的体味，还会在心灵上产生共鸣，这种共鸣源自内心，犹如平静的湖面荡起阵阵涟漪。由此，我们可以发现，

洛佩兹对于色彩心理学进行过深入研究，具备很高的造诣。洛佩兹善于充分调动不同色彩的表现力，巧妙地将自己想要表达的思想隐含在画面中。发展到今天，色彩已经脱离了原有的范围，融合多样表现手法，迸发出迷人的气韵，那种气韵难以用语言来形容，只能意会。

（三）高校色彩教学引入洛佩兹艺术的状况

20 世纪 90 年代，洛佩兹与他的超现实主义被引入中国画坛。21 世纪初，其写实样式受到了中国青年油画家的推崇，他的图式与技法开始被模仿，他在中国画坛由小众走向了大众。究其原因，一方面是其绘画主题与中国当下的一些社会现实问题相配，另一方面是洛佩兹的绘画技法也能解决油画本体语言上的一些问题。

随着人口大迁徙和城市化进程的加快推进，在改造老城区、扩建新城区的城市大变样过程中，老城区的拆迁与新城区高层建筑的林立形成巨大反差，这种史无前例的宏大景象为现实主义油画创作提供了得天独厚的创作素材，现实中的张力在画作中会达到惊人的艺术效果，这与洛佩兹系列作品很相似，但这种相似不是偶然出现的，因为中国出现的状况与洛佩兹所处时期所产生的状况有着重合。

洛佩兹在城市的光影中寻觅着生命的真谛，他熟悉并热爱散发着迷人历史光束的老街道，也对新成长起来的城市感到陌生。自然景物与人为建设、新城与老区、现在与往昔复杂地糅合在一起，点、线、面组合在一起，他们共同演绎了城市改造的神话，谱写了城市发展的篇章，也促发了人们难以释怀的怀旧情绪。这种难以割舍的情绪与城市飞速发展又成为矛盾统一体，从而构成了艺术张力，为艺术家的创作提供了得天独厚的必要条件。

人与城市之间存在着一种永恒关系，这种关系是个体与群体之间、个人与历史之间复杂的矛盾关系。为了契合飞速发展的当下，具象画家便将洛佩兹现实主义样式引入当下的创作中，为中国当下的油画风景创作提供了范式。紧接着，大量城市元素走进了艺术家的视野，城市俯瞰、公园小景、建筑体的檐角等大小物件被艺术家绘制在其作品中，作品的创意隐含着鲜明的模仿痕迹。这些都透露出洛佩兹深远的影响。他的现实主义图式被中国当下的青年艺术家接受。笔者认为这与他作品中独特的图式有直接联系。就像巴尔扎克笔下的巴黎，狄更斯笔下的伦敦，洛佩兹以俯瞰的视角描绘他所生活的城市马德里，这种艺术构想的实现需要扎实的功力，来自高校的青年艺术家受过深厚知识和资源的洗礼，这也与洛佩兹相似，所以，他们也具备相应的视野和艺术追求。

与其他样式绘画相比，俯瞰式构图与细节铺陈结合的作品，难度大，要求艺术精湛，创作周期长，工作量大，并且难以体现亮点，相对于中老艺术家，青年艺术家在体力和精力方面则占据优势，这些题材也成为他们热衷表现的题材。

洛佩兹的作品体现出了人与城之间复杂的关系，这也为青年画家提供了借鉴。当下，人们的活动与城市发展紧密相连，与此同时，人们又在浓烈地缅怀过往的岁月，满怀流年的印记。高校青年群体恰恰生活在一个社会快速发展的阶段，亲身见证了城区的改造与扩张，经历了经济发展模式的转变，面对生活环境的变迁，他们会萌发追忆似水年华的危机感和失落感，因此容易情景交融，触发怀旧情绪。

高校色彩教学提倡向大师学习，方法主要是通过对其作品进行分析与解读，并参照其色彩构图进行训练，深化对色彩与色彩感的认识，学习更好地发现和组织色彩，以期在创作中主动把握和运用色彩语言的艺术表现，从而发现气象万千的表达方式，开启新的视觉体验，培养个性化的色彩感觉，提高理性的色彩体验能力，塑造良好的艺术眼光。

高校色彩教学要想取得理想的效果，需要做到艺术和当代社会精神紧密结合，注重人文精神的体现，致力于新型视觉图像的探索，研究当代审美情趣，同时面向国际，体现中国传统文化积淀的崭新面貌。

（四）洛佩兹油画艺术作品对高校美术教育的启发

1. 艺术家的风格应坚忍不拔，不为潮流所动

洛佩兹致力于具象写实绘画的创作数十年，他努力发掘事物自身的真实和用真实来表达作品的价值，坚决不为前卫艺术潮流所影响。他总能从日常生活中发现可取之物，将生活与艺术的感知通过色彩和造型表现出来，他凭借敏锐的观察和奇特的构思，透过平凡的物体，淋漓尽致地表达了他对生活的细微感触和独特的艺术审美。洛佩兹表现的是一种完全客观的真实，这种真实不仅充满了新鲜的时代气息，而且包含了超越时代和地域的人文关怀。在他那平易近人的作品中，我们倾听到了他源自内心的深沉表述，感受到了他对于风云变幻的时代、潮流涌动的社会和复杂莫测的人生的细腻洞察。这对我们的绘画创作有着深刻的启发作用，这不仅丰富了我们对当代艺术的认知，也加深了我们对现实主义内涵的理解。

他一生经历了艺术形式的种种变化，然而其写实主义的画风却始终如一，他的创作完全来自自己的心境，他的坚韧画风体现了他对艺术的超高的使命感。他的坚持使他的作品的影响力日益增大，从而使他在当代写实艺术的殿

堂占了重要的一席之地，同时，洛佩兹对画风的坚持影响了中国很多艺术家。在艺术潮流多元化的今天，一些中国的年轻艺术家为了迎合一些流行元素，刻意模仿，渐渐放弃固有的艺术风格。由此可见，洛佩兹坚守他独特的写实画风，这与正在发展中的中国写实主义画家有着深刻的共同之处。所以，洛佩兹应当成为当代艺术家研究和追赶的榜样。

2. 艺术家的风格应继承传统并独立创新

洛佩兹是 20 世纪后期具象写实绘画的领军人物之一，这与他真诚而执着的态度是分不开的。一方面，洛佩兹选择的绘画题材真挚、朴实，他的创作以过硬的基本功和完备的绘画理论为基础，其构思理性、缜密，技艺灵活、扎实，这使得作品忠实于客观物象又不缺乏灵动的艺术美感；另一方面，洛佩兹潜心于架上绘画的探索，尊重题材并充分地进行自我发挥，尽心斟酌却不露痕迹。为了创造出近于真实的画面效果，他多次到现场实地写生，从不吝惜时间与精力的投入。甚至在成名后，洛佩兹也没有为了追求产量而加快作画速度。他会把已经完成的作品拿回来加以修改，直至满意。

洛佩兹一生有意识地学习他所处的时代的写实艺术的风格和技巧。通过研究他的作品，人们发现洛佩兹的写实主义风格是在前代艺术家的探索的基础上发展而来的，但他没有满足于继承，而是加入了自己对写实艺术的理解，开拓了自己独有的写实主义风格。艺术家应该经过长期的探索，开拓自己的艺术领域，积极地吸收和借鉴前辈的优点，发展自己独立的风格。

洛佩兹的绘画艺术体现了时代性，挖掘出了潜藏在人性中的共通感。他用最真实平和的心态描绘自己身边的人、事、物，坚守具象写实的艺术阵地，在承载西班牙艺术光辉传统的同时又紧紧把握时代的脉搏，创造出了永不褪色的传奇。

艺术家的生命力，往往取决于其作品思想上的造诣。洛佩兹的绘画作品一部分取材于当地的风景和人物，这体现了他所处时代的人文特征。洛佩兹的作品取材虽然十分生活化，但实实在在且美轮美奂地展现了他的时代。他成熟时期的作品温馨恬淡、技法高超，有着雅致的格调和敏锐的表现力，体现出了画家累积的修养。如何体现当代中国的人文特征，如何表达出当代中国的生活环境，是值得中国青年艺术家思考的一个问题。

3. 洛佩兹绘画作品中个人情感的融合与诉求

洛佩兹的艺术全部是自我情感的写真，在每幅作品中，他都将自己对这幅作品的感悟心得抒发在画面的形式感、构图、色彩当中，将作画时的空间与气息凝固在作品中。作品即画家的个人情感，它表达了洛佩兹对生活和艺术的诉求。

（1）时间性的表述

绘画者通过眼与手的同时绘画将时间定格在方寸的画面之中，与之伴随的四维空间内的一切都以绘画的方式保存了下来。凡高将生命和阳光用鲜亮的颜色和笔触留住；马蒂斯把世界的色彩都放在了画面中，让它们自由平静地流淌；而塞尚用每次观察的不同边缘线，构筑起了他画面中虚实结合的空间。与众多大师一样，西班牙的洛佩兹用自己的眼和手捕捉了属于他自己的绘画，他将自己人生的每一秒都准确而温柔地放在了自己的画中。

十年的时间，对于一个人来说不算长，对于一幅画来说却很长。1971年开始一直到1980年整整十年间，洛佩兹不间断地对它进行绘制与修改，它就是《晚餐》（图8-1）。女儿妻子围坐在桌旁，这一切描绘的是1971年的某一天洛佩兹一家人在一起共进晚餐的场景，画面中小女孩直视着观众，动作静止在了她拿起汤勺的瞬间，画面右侧的母亲也直视前方，似乎若有所思，牛肉、鸡腿、面包、罐头、盛蛋器和鸡蛋、水瓶、盐罐、苹果和瓜类还有各种餐具，这些静物就安静地生活在画中，一如当时。洛佩兹一直试图在这幅画中捕捉每一个细节的某个瞬间，想把每个部分的最好瞬间能够呈现在画面中。同时画家不去修饰每个细节，因为修饰是按照另一个标准来重建和实现画面的，这样会在转瞬间失去似乎已经感觉到的东西。在这幅画中，每一道模糊的色块，每一片流淌的色彩都是凝结在这十年中的精华，妻子已经老去，女儿已经变为了亭亭少女，画还得继续，画面每分每秒都在变。画家懂得一个道理，对于一幅画，我们并不是要使它变得完整，而是要使它得到最恰当的呈现，呈现其自身的魅力。

图8-1 《晚餐》

（2）静谧的无限内涵

洛佩兹的作品总会或多或少地显露出一种静谧的氛围。虽然洛佩兹对于东方文化并没有多少接触，但是他的追求与东方美术中对形而上意味的追求有很多共通的地方，这也充分证明了艺术无国界这一理念。归根到底绘画都是人类共同情感的表达，这体现在画作中就包含了无限的内涵。

"意"之幽玄，包罗气象万千，这样的意味很具体地体现在了《灵魂》（图8-2）、《幽灵》，纸上炭笔画《木瓜树》以及从2007年开始创作的一系列关于花卉的静物作品中。

在洛佩兹众多的作品中，《灵魂》和《幽灵》是比较有代表性的一组浮雕作品。在这两幅作品中，洛佩兹把看上去毫不相干的事物拼接到了同一作品中去，用一种隐晦而不思其解的叙事手法，制造出了让人过目不忘的印象。《灵魂》是木板着色浮雕，室内的三个空间组合在一起，里屋一对夫妇正在熟睡中，一位年轻女性发现了小男孩的灵魂，从过道一直跟了过来，似乎怕打扰小幽灵，她停在了墙角，小男孩一路飘向室内熟睡的夫妇。观众似乎能懂得这幅作品大概的意思，但又充满了疑惑。在这两幅作品中，正常空间被无端加入的悬浮人物所打破，让人难以理解。与此同时，对于这些似乎有些突兀和反逻辑的元素，洛佩兹本人并没有做出任何解释，但是这样的构图与画面排布的确促成了观众对于画面整体效果的关注和对每个细节的品位。通过观众的遐思，作品本身的含义得到了扩散和提升。

图 8-2　《灵魂》

静谧往往是无色无味无声的，本体处在宇宙万物之中，达到永恒。1990年创作的《木瓜树》（图8-3）只用了白色的纸张和黑色的碳铅笔，却给了我们一个梦境，一种静谧。

图 8-3 《木瓜树》

洛佩兹与木瓜树总是如影随形的。面对木瓜树，洛佩兹也从来都是精神饱满，神采奕奕地不断描绘，不断修改，哪怕是极其细微的线条和一些影响画面的小污点。他独自在庭院中安静地思考，富有激情地画画，这是一个梦，这是一个属于画家安东尼奥·洛佩兹·加西亚自己的梦。这幅画对于细节的描述是显而易见的，这些细节真实地呈现了木瓜树所蕴含的宁静，恬淡与平和。在黑白线条组成的画中，透明的果实被饱含张力的叶子所簇拥，所有的枝条也显得轻松而曼妙。

平凡的木瓜树只是一种植物，但这种植物在画家的心中却是涅槃的象征。从最新的关于洛佩兹的画册中，我们可以看到，2007 年之后，随着年龄的增长，画家创作了一系列关于各种静物花主题的油画，这样的主题一直持续到了近两年。

（3）心中的马德里

从 20 世纪 50 年代开始，洛佩兹就开始在马德里生活，在这里，他既能找到创作的灵感，也能与自己的画家朋友们离得更近，更加贴近艺术圈。所以没有谁能像洛佩兹一样，把马德里这座城市视作珍宝。洛佩兹虽然喜爱描绘家乡托梅略索那沐浴在阳光中的风景，还有他的家人，但是在马德里这座城市中逐渐历练与成熟起来的。对于这座城市，有许多西班牙诗人来赞美她，拉斐尔·桑切斯·费洛西奥写了《这条河》，卡米洛·何塞·塞拉写下了《热闹的巢穴》，路易斯·马丁·桑托斯写了《沉默的时间》，胡安·贝特写了《马德里》，但是和他们不同的是，洛佩兹用画家所特有的沉默的诗意来赞美她。更值得注意的是，从那时起直到今天，洛佩兹都没有停止对马德里城市发展节奏的关注，这一切都表现在他的作品中。

洛佩兹绘画作品中与马德里相关的绘画大致可以分为三个大的类型：第一，由郊区入手，城市让位于自然景色，市区的建筑成为背景；第二，以俯视的角度，绘制出大幅的全景，让整座城市延绵不绝；第三，单纯的对街道和建筑面貌进行描绘。洛佩兹在他的全景画中展示和映射出了整个城市的面貌，包括城市的边缘和正在不断修补和重建的郊区。早在1962年，洛佩兹便开始创作了名为《由拉玛利西奥萨峰看到的马德里北部》（图8-4）。

图8-4　《由拉玛利西奥萨峰看到的马德里北部》

　　对于画家来说，创作这样的画作不论是从心理上还是生理上都是一个巨大的挑战，光是每天把画具和画材搬来搬去就极其浪费精力，更何况适合作画的光线总是很短暂。1962年，他在马德里附近的山中村落避暑时，攀上过一座名为拉玛利西奥萨的山峰，从山顶，他可以将马德里北部的整个平原尽收眼底，整片整片的原野在夏日的阳光下一望无垠。面对迷人的景色，他带上一块两米乘三米的画板，登到最高处，开始创作。整个画面呈现一种俯视的角度。从历史的角度看，这幅画记录了20世纪60年代马德里市郊的风景原貌，农田、山峰、河流、道路，为马德里留下了历史的见证。这幅画的空气透视感很强，近实远虚，天地相融，体现了画面的纵深感。在画中，郊区成了主体，自然景色的魅力在画中得到显现。经过了相近一系列的画作，洛佩兹对于这一题材已形成了自己特有的风格。

　　洛佩兹观察马德里的视角是全方位的，由马德里市中心开始，向四周扩散开来。他一直专注于某些街道的视轴和外在轮廓，但整座城市的景观是由不同种类，不同个性和不同品质的街区和街道所组成的。每一座建筑的品质都值得单独加以分析和解释。在画家的城市风景作品中，引人感兴趣的是那些从高处俯瞰，全景展示马德里景色的作品。这些作品遵从了传统的西班牙艺术语言，表达了"遥远"的意境。《马德里南郊》（图8-5）中的广角全景画很明显的呈现出了洛佩兹对于这一主题的全新艺术反思。在这幅画中，城市被压到了视平线以下，全画突出的是一种光的节奏感，用光来"说话"。光线与空气混合晕染了整个城市的建筑，形成了一种独有的氛围，加强了空间感和距离感。大面积的天空呈现出一种黄灰色调，但是在统一的色调之中又有很多富有变化的颜色，显得丰富而不空洞。洛佩兹认为，这些马德里的风景画只是呈现出来的表面化的东西，最重要的是他看到这些风景之后内心所产生的感悟。

图8-5　《马德里南郊》

从洛佩兹·加西亚在1950年抵达马德里开始，全市都在以令人惊讶的方式和速度改造。画家第一次开始绘制马德里城市景观的日期是1960年，此后他继续反复地画这座城市。实际上，到目前为止，《卢西奥的阳台》和《从百莱卡斯消防塔眺望马德里》这两幅多年前开始的画作，才于2006年完成。这些方面足以看出画家对于马德里的热爱和虔诚。从另一方面来说，洛佩兹从自己的家乡迁移到了西班牙，这本身就是他和马德里的一次融合。之后，他用自己的画笔展示了马德里全市的风景，小到马德里民居中的房间和小角落，他用最富激情的全景和最亲密的特写把自己和马德里牢牢地绑在了一起，同生同长，不可分割。

（4）自我形体与心灵的探寻与塑造

谈论洛佩兹的绘画，我们不能绕的一个主题就是他的雕塑作品。和其他当代艺术家不同的是，洛佩兹避开了不同风格视觉艺术之间的融合。

直到进入了圣费尔南多美术学院，他才真正开始了他的造型学习生涯，同时也开启了他对雕塑的兴趣。洛佩兹视工作如自己的生命。他认为油画创造出虚幻感，而雕塑应该用来塑造真实的、有质感的和有形的事物，这种质感应该可以和自然界中的实物相媲美。

依据阿尔贝蒂的理论，洛佩兹尝试着用过很多方法来雕塑。他尝试着用减法来进行雕塑，也进行过加法，还用过金属熔炼的方法。在寻求一条正确的雕塑之路上，经历是痛苦的。石膏、黏土、木材、石材，这些他都用过，通过这些原材料，他找到了雕塑的原始内涵，也找到了一种崇高的内心力量。他的雕塑所涉及的题材很广泛，包括浮雕、胸像、半身像还有真人大小的等比像。

（5）神秘与变迁

作为一个心存梦想的凡人，为了使自己的艺术技艺不断提高，洛佩兹在生活中不断学习，即使到了一定的年龄，他仍然是一位十分活跃的艺术家。

在洛佩兹的作品中没有几个作品是在一年之内完成的。相对于其他艺术家的短期速成，洛佩兹用15年去完成所谓的一幅画是非常罕见的，但是这取决于你如何看待它。对于洛佩兹来说，这种情况很常见，他甚至用更长的时间来完成一幅作品，有时还完不成。

纵观洛佩兹的作品，很少直接叙述一个主题或者宣传一个思想，所有的意境都隐含在绘画本身。当你试图想在画面中表达什么的时候，你对这个世界的本质的理解往往会产生偏差。完全依靠个人的认识和感受，可能就会把眼前的视像虚假化，所以想要反映的某些东西必须源自"真实"，源自物质和非物质两方面的真实，而且是时代和个人共同认识的"真实"，同时这种"真实"也得存在于过去时空和现在时空的融会贯通中。因为维拉斯凯支和维米尔的绘画完全遵循了这种"真实"，所以洛佩兹以他们为榜样。洛佩兹正是把这种真实的神秘和交错时空的变迁和自己的情感相融，才创造出了有生命的艺术。

第三节 洛佩兹油画对中国当代艺术的影响和意义

除了洛佩兹对生活的表述给了艺术学习者创作方向外，他艺术精神也时时指引着艺术学习者。洛佩兹的艺术历程中受到了时代背景、艺术潮流等元素的影响，充满着艰辛与坎坷。行走在曲折而孤独的艺术道路中，他却执着坚持着最初的理想迎来了属于自己的成功与光明。

在笔者看来，艺术家的艺术精神即是艺术家的独创性，也是他的创作灵魂。

在纷繁浮躁、充斥快餐文化的当今社会，一些人急功近利、抵挡不住金钱的诱惑，精神世界空乏孤独，连同艺术世界也被浸染，而洛佩兹依然行走在纯净之中，用纯粹的艺术向我们展示这个世界，用精妙的细节俘获观者，向众人述说这个世界最本质的面貌。

简而言之，洛佩兹艺术精神的关键在于他对人的关怀，对生命的感恩，对自然的尊重以及对艺术百折不挠的探索精神，这让他的艺术触及观众的灵魂，使观者能与其产生极大的共鸣。当然洛佩兹艺术精神中最触动笔者的一点就是在创作过程中时刻保持高度的热情，面对挫折与困难而永不言弃。洛佩兹有许多作品都经历了漫长的时间完成，期间的孤寂、磨砺、曲折不言而喻。他使笔者懂得应该虔诚得对待每一件作品的诞生并且要时时关注这个世界，审视自己的内心，用严格的状态对待自己的艺术创作。

西方油画承载着西方千百年来的文明，继承了古希腊绘画和雕塑的传统，并在文艺复兴时期得到迅速发展和传播。而其中，写实油画也逐步形成了独特的体系。

写实油画上溯的历史越远，它就越再现真实。原始艺术用一种简易的形状绘制一张面孔，虽然是一张看似并不真实的脸。原始洞穴壁画中的野牛、羚羊、野马是那么的生动和逼真，但这离不开原始人崇拜神灵和行施巫术的精神需求。另外，在器皿中大量出现了具有对称和象形特征的几何图形，这也证明了原始人具有独特的审美情趣，而不是用真实再现作为创作的目的。

20世纪50年代，苏联契恰科夫的绘画教学模式在我国美术院校中得到广泛传播。但是，经过几十年的发展之后，虽然学生掌握了科学、理性地观察和描绘对象的绘画技法，但是保守和程式化的教学模式的弊端也日趋显露，绘画艺术逐渐演变成一种机械的追求技术和理性的学科，变成了一种无创作者主观意识的体力活。笔者在高校油画基础课与创作课的教学过程中发现，学生对于什么是油画、怎样画油画、什么是油画语言，对于印象派与后印象派以后的绘画流派、绘画史、代表艺术家所知甚少，尤其是对许多中外著名的当代艺术家、绘画风格、重要的代表作品都缺乏必要的了解及研究。这也就导致了学生只重专业技能训练，不重艺术思想观念。很多学生如同外行人一样，从他们身上，我们只看到习画者技艺的高低，却看不到画外的学养与内涵。当然，这里并不是说技巧不重要，艺术家终归要借助技巧表达他所要表达的东西，但技巧毕竟只是手段。因此，油画教学应将基础课与创作课并重，充分培养和锻炼学生的艺术个性和创造能力。在教学过程中，高校油画教育工作者在重视学生的技能训练的同时，也要加强对其创造性思维能力的培养。

此外，教师在油画教学中还应解决学生理论薄弱的问题。现在很多美术院校的专业学生都只喜欢画画，而不喜欢阅读美术方面的书籍，对美术史知识只掌握皮毛，对文艺复兴、古典绘画流派之后的中外古今画家的风格面貌也所知甚少。所以，学生对绘画理解的深入程度也就可想而知了。在中国当代艺术领域，特别是油画艺术领域，传统学院派与现代派的对抗状态存在已久并日益明显。如何以艺术的独特方式反思当下境况，正视传统写实绘画与风格迥异的当代绘画之间的矛盾，是将写实绘画全盘否定还是将之保留并与当今形势相结合，这个问题现如今显得日趋重要。画什么，怎么画，都已成为问题，那么确立自我风格也就更难以解决。精细的模仿能力只是绘画艺术的基本功，却不是决定艺术成就高低的最主要的因素。

进入20世纪90年代，画家开始积极创新，大刀阔斧地拓展新形式画风，在造型上大胆求新求变，在用色上也是一改前人的风貌，用自己的作品反映当今社会的发展状况和当代人的思想情绪。

改革开放是中国社会的重大历史转折，同时也给艺术带来了更多新样式的发展。从"85新潮美术"开始，中国写实油画就受到各种艺术思想、艺术流派的冲击，其原有的主流地位受到一定的威胁。20世纪90年代是中国油画史最活跃的10年，"新表现主义""新生代"等新的油画风格层出不穷。著名当代画家方力物的代表作《光头》系列，用调侃的表现语言映射现代社会的发展状况，忠实地描绘在高压的生存环境下，人的无聊情绪和郁闷。

在全球化的今天，我国高校的美术教育在面临很多机遇的同时也面临着巨大的挑战。面对这种状况，积极地改变传统的美术教育模式，摒弃传统教育的糟粕，构建适应新形势发展的美术教育体系，才是实现我国高校美术教育与国际接轨的可持续发展的道路。高校的美术教育只有经过不断的反思和改革创新，才能够做到与时俱进、不断发展。高校美术教育的管理者和教育者都应当积极地用先进的理论指导实践，对高校美术教育进行探索。